Wolfgang Leonhard
Das kurze Leben der DDR

Wolfgang Leonhard

Das kurze Leben der DDR

Berichte und Kommentare
aus vier Jahrzehnten

Deutsche Verlags-Anstalt
Stuttgart

CIP-Titelaufnahme der Deutschen Bibliothek

Leonhard, Wolfgang:
Das kurze Leben der DDR: Berichte und Kommentare
aus 4 Jahrzehnten / Wolfgang Leonhard. –
Stuttgart: Deutsche Verlags-Anstalt, 1990
ISBN 3–421–06586–1

© 1990 Deutsche Verlags-Anstalt GmbH, Stuttgart
Alle Rechte vorbehalten
Lektorat: Ulrich Volz
Satz: Knauer Layoutsatz GmbH, Stuttgart
Druck und Bindearbeit: Mohndruck Graphische Betriebe GmbH,
Gütersloh
Printed in Germany

Inhalt

Vorwort 7

DIE SOWJETISCHE BESATZUNGSZONE 1945–1949

Die »Gruppe Ulbricht«:
Erste Schritte zur Macht 1945/46 13
Der Kreml und die Gründung der DDR 45
Die CDU in der Sowjetzone 1945–1948 60

DIE ÄRA ULBRICHT 1949–1971

Erste »Wahlen« zur Volkskammer 67
Menschenraub mit Stasi-Hilfe: Die Entführung
Robert Bialeks 73
Der XX. Parteitag der KPdSU und die SED 76
Schärfer als der Kreml 97
DDR-Politiker aus der Nähe 100
Von Ulbrichts Schergen entführt: Heinz Brandt 109
Die große Lüge 115
Ernst Blochs gescheiterter Versuch 118
Ulbrichts Kontroverse mit Marx und Engels 122
Zensur für Sowjetfilm 133
Der vergessene SPD-Gründer: Erich W. Gniffke 136
»Faschist« Tito zu Besuch in Ost-Berlin 139
Moskauer Drehbuch: von Ulbricht zu Honecker 143

Inhalt

DIE ÄRA HONECKER 1971–1989

Nachruf auf einen Stalinisten: Walter Ulbricht	149
Reformen – auch in der DDR?	159
Ratschlag nach dreißig Jahren: Mehr Freiheiten!	165
Zwangsumtausch oder die Angst vor der Entspannung	168
Fünf Vorschläge zur Deutschlandpolitik	174
Regisseur des Mauerbaus: Erich Honecker	179
Wiedersehen mit Erich	184
Die sowjetischen Reformen und die DDR	187

DEMOKRATISIERUNG 1989/90

Kasernen-Sozialismus ist das Ende der DDR	199
Lang ersehnt: die Reformbewegung in der DDR	205
Demokratie vor Einheit	208
»Wer zu spät kommt, den bestraft das Leben«	211
Organisches Zusammenwachsen statt überhasteter Vereinigung	215
Die ersten freien Wahlen in der DDR	227

Verzeichnis der Beiträge	231
Namenregister	235

Vorwort

Als Mitglied der »Gruppe Ulbricht« traf ich, aus Moskau kommend, Anfang Mai 1945 im märkischen Bruchmühle ein. Seit dem 9. Mai war ich dann in Ost-Berlin tätig. Zu unseren damaligen Aufgaben gehörte der Aufbau der Verwaltungsorgane in Berlin, die Gründung der KPD am 11. Juni 1945, die Bildung des »antifaschistisch-demokratischen Blocks« Mitte Juli, die Bodenreform und die »Vereinigungskampagne« vom Herbst 1945, die dann im April 1946 zur Gründung der SED führte.

Am Gründungskongreß der SED im Berliner Admiralspalast am 22. April 1946 habe ich teilgenommen. Ich vertraute Otto Grotewohl, der damals erklärte, die Partei sei eine eigenständige deutsche Partei, erstrebe den demokratischen Weg zum Sozialismus und habe die Aufgabe, »die freie Persönlichkeit zu entwickeln und zu entfalten«; in keiner deutschen Partei lebe »die Achtung vor den Lebensrechten der Menschen heißer und stärker als in der Sozialistischen Einheitspartei«.

Aber schon bald erkannte ich, daß meine Hoffnungen eine Illusion gewesen waren. Die SED wurde immer mehr der sowjetischen Besatzungsmacht untergeordnet, die These vom »besonderen deutschen Weg zum Sozialismus« wurde verurteilt, die Sowjetunion und Stalin immer lauter gepriesen. Schritt für Schritt, aber konsequent und unübersehbar, wurden die Versprechungen vom Gründungsparteitag gebrochen und auf deutschem Boden ein stalinistisches Unterdrückungssystem errichtet. Meine Zweifel wuchsen, und knapp drei

Jahre nach der Vereinigung von SPD und KPD brach ich mit dem Regime. Mitte März 1949 floh ich nach Jugoslawien. Vom März 1949 bis November 1950 erlebte ich hier den ersten Versuch der Reformierung und Liberalisierung eines kommunistischen Systems.

Seit meiner Übersiedlung in die Bundesrepublik im November 1950 sah ich es dann als meine Aufgabe an, vom Westen aus die Vorgänge in der kommunistischen Welt zu analysieren. In meinen Kommentaren ging es indes nicht nur darum, über einzelne Ereignisse in der Entwicklung der DDR zu berichten; wichtig erschien es mir, auf die Widersprüche und Gegensätze im bürokratisch-diktatorischen System aufmerksam zu machen und auf die Möglichkeit, ja Wahrscheinlichkeit zukünftiger weitreichender Reformen hinzuweisen. Das immer deutlicher zutage tretende Zurückbleiben der DDR in der wissenschaftlich-technischen Entwicklung, die Nichterfüllung der eigenen ökonomischen Planziele, das Unvermögen des Regimes, die Bürger der DDR an der Lösung großer gesellschaftlicher Probleme zu beteiligen, die Unfähigkeit, die moralisch-ethischen Bedürfnisse der Menschen zu befriedigen sowie das wachsende Selbstbewußtsein der Bürger – all das waren für mich Zeichen der Hoffnung, daß es eines Tages gelingen würde, das bürokratisch-diktatorische Regime zu überwinden.

Nachdrücklich wies ich vor allem in den letzten eineinhalb Jahrzehnten darauf hin, daß die Beziehungen der Bundesrepublik zur DDR sich nicht auf offizielle Begegnungen und Verhandlungsergebnisse beschränken konnten, sondern daß eine Verbesserung der deutsch-deutschen Beziehungen untrennbar mit einer Liberalisierung und Demokratisierung in der DDR verbunden sein mußte. Voraussetzung für neue deutsch-deutsche Beziehungen waren nach meinen Vorstellungen ernsthafte Reformen in der DDR: größere Freiheitsräume für die Menschen, die Überwindung von Willkür und Unterdrückung,

Diskussionsfreiheit in der Partei, wirklich geheime Wahlen, Entlassung unschuldig Verhafteter, Abschaffung von Zensur, die Verwirklichung von Presse-, Organisations- und Meinungsfreiheit, die kritische Bewältigung der Vergangenheit.

Mitte der siebziger Jahre klang dies wie utopische Zukunftsmusik. Aber nur ein Jahrzehnt später mit der Ernennung Gorbatschows zum Generalsekretär der KPdSU am 11. März 1985 und der Entwicklung von *Glasnost* und *Perestroika* in der Sowjetunion gab es für mich keinen Zweifel mehr, daß es früher oder später auch in der DDR zu Reformen kommen würde – eine Auffassung, die ich besonders anläßlich des Besuches von Erich Honecker in der Bundesrepublik im September 1987 zum Ausdruck brachte.

Seit dem Jahre 1988 wuchs die Oppositionsbewegung in der DDR an. Im September 1989 kam es zu immer größeren Demonstrationen in fast allen Städten der DDR. Das Volk erhob sich. Mit Losungen wie »Wir sind das Volk«, »Stasi in die Produktion«, »Reisepässe für alle – Laufpaß für die SED«, »Sägt die Bonzen ab, nicht die Bäume« begann die friedliche Revolution.

Im Herbst 1989 vollzog sich in wenigen Wochen das, worauf ich vierzig Jahre gewartet hatte: die Brechung des Monopolanspruchs der SED, die Herausbildung und offizielle Anerkennung unabhängiger Reformbewegungen, die Lösung der Blockparteien von der Vormundschaft durch die bisherige Staatspartei, die Gründung eigenständiger demokratischer Parteien, die Aufstellung von Bürgerkomitees zur Auflösung des Staatssicherheitsdienstes, die Emanzipation der Schulen und Hochschulen von einseitiger politischer und weltanschaulicher Ausrichtung, die Wandlung der Volkskammer von einem deklamatorischen Jasager-Forum zu einem echten Parlament, die Befreiung der Wirtschaft von den Fesseln einer bürokratischen Planwirtschaft, die beginnende Aufarbeitung der DDR-

Geschichte. Mit der Öffnung der Grenzen und dem Abbruch der Berliner Mauer erhielten die DDR-Bewohner endlich Freizügigkeit.

Auch für mich persönlich veränderte sich manches. Seit Ende Dezember konnte ich nach über 40 Jahren wieder die DDR besuchen: Dresden, Leipzig, Ost-Berlin, Rostock und die Mark Brandenburg. Erstmals konnte ich wieder mit DDR-Bürgern frei diskutieren, Vorträge vor DDR-Geschichtslehrern über die Gründung der SED halten und am 25. Juni 1990 mein Buch »Die Revolution entläßt ihre Kinder« in der Akademie der Künste in Ost-Berlin vorstellen.

So groß, ja gewaltig meine Freude war – *ein* Wunsch erfüllte sich nicht. Seit dem Herbst 1989 hatte ich gehofft, daß einer sich selbstbewußt wandelnden DDR Zeit und Gelegenheit geboten würde, Pluralismus, demokratische Freiheiten und Menschenrechte in der ihr gemäßen Art zu verwirklichen. Ich setzte auf eigenständige Formen des Parlamentarismus, der Selbstverwaltung, auf Rechtsreform und Demokratisierung des Schulsystems. Ich wünschte mir, die Reformer der DDR würden aus den Erfahrungen der Sowjetunion, Polens, Ungarns und der Tschechoslowakei, aber auch aus der Entwicklung der Bundesrepublik manches lernen – und dabei das übernehmen, was ihnen, ausgehend von den eigenen Traditionen und Bedingungen, am meisten entspräche.

Doch an die Stelle einer demokratischen Reformentwicklung der DDR trat, vor allem nach den Volkskammerwahlen am 18. März 1990, der Kurs auf eine schnelle Vereinigung mit der Bundesrepublik. So bleibt zu hoffen, daß die Menschen der DDR in das vereinte Deutschland ihre eigenen Erfahrungen und Erkenntnisse nach 40jähriger SED-Herrschaft einbringen – sowie, vor allem, die Früchte ihrer friedlichen Revolution.

Manderscheid, 20. Juli 1990   Wolfgang Leonhard

Die Sowjetische Besatzungszone
1945–1949

»Es muß demokratisch aussehen,
aber wir müssen alles in der Hand haben.«

Walter Ulbricht im Mai 1945

Die »Gruppe Ulbricht«:
Erste Schritte zur Macht 1945/46

Vorbereitungen in Moskau

Ende 1943 stand in Moskau die Bekämpfung des Hitler-Faschismus im Vordergrund; gewiß gab es auch manche Hinweise auf ein zukünftiges Nachkriegsdeutschland und einige Vorbereitungsarbeiten, aber der eigentliche Start erfolgte Anfang 1944. Am 13. Januar, nach einer Unterredung Wilhelm Piecks mit Georgi Dimitroff – zu jener Zeit der Leiter der Abteilung für Internationale Informationen beim Zentralkomitee der KPdSU –, verlagerte sich der Schwerpunkt auf die politischen Hauptaufgaben im künftigen Nachkriegsdeutschland. Kurz darauf, am 6. Februar 1944, wurde vom Exil-Politbüro der KPD eine zwanzigköpfige Arbeitskommission gebildet mit der Aufgabe, »klare Richtlinien für alle Lebensbereiche zur Gestaltung des neuen Deutschland auszuarbeiten«. In dieser Arbeitskommission waren Wilhelm Pieck, Walter Ulbricht und Peter Florin für allgemeine politische Fragen zuständig, Hermann Matern für Gewerkschaften, Rudolf Herrnstadt für deutsch-sowjetische Beziehungen, Anton Ackermann für Wirtschaft, Edwin Hörnle für Agrarprobleme, Alfred Kurella für Intellektuelle.

Mit der Bildung dieser »Arbeitskommission« folgte faktisch die Trennung vom National-Komitee »Freies Deutschland«. Gewiß gab es auch für die umgeschulten kriegsgefangenen Offiziere und Soldaten ähnliche Aufgaben, aber die dort gebildeten Kommissionen spielten nur eine untergeordnete Rolle;

entscheidend war nun die Kommission deutscher kommunistischer Emigranten.

Auf der Sitzung der Arbeitskommission am 6. März 1944 wurde der Beschluß über den »Block der kämpferischen Demokratie« gefaßt. Im Unterschied zu früheren Beschlüssen der KPD-Emigrationsführung war nicht mehr von einer zukünftigen »Sozialistischen Einheitspartei« die Rede, sondern erneut von der KPD, die als große Massenpartei wirken sollte. Von März bis August 1944 fanden 18 Arbeitssitzungen der Kommission statt (zu Einzelfragen wurden auch noch besondere Fachkommissionen gebildet), und im Oktober 1944 war das »Aktionsprogramm des Blocks der kämpferischen Demokratie« fertiggestellt. Die Tätigkeit beschränkte sich auf einen kleinen Kreis der zwanzigköpfigen Arbeitskommission; es gab weder Veröffentlichungen noch Schulungs- oder Informationstreffen für die übrigen deutschen Emigranten in Moskau.

Bei der Bewertung dieser Vorbereitungsarbeiten in Moskau sollte nicht übersehen werden, daß zu jener Zeit die deutschen kommunistischen Emigranten in unterschiedliche Institutionen aufgesplittert waren. Einige waren im Institut 205 in Rostokino (der Nachfolgeorganisation der Komintern) bzw. im Redaktionsstab des KPD-Senders »Deutscher Volkssender« (darunter Richard Gyptner, Gustav Gundelach, Otto Winzer). Eine zweite Gruppe arbeitete im Institut Nr. 99, dem Stadtbüro des National-Komitees »Freies Deutschland« zunächst in der Filipowski-Pereulok, seit Frühsommer 1944 in der Obuchastraße 3, getrennt in eine Zeitungsredaktion (Herrnstadt, Bolz, Kurella, Maron, später noch Peter Florin) und Rundfunkredaktion (Ackermann, Kurt Fischer, Hans Mahle, Fritz Erpenbeck, Lore Pieck). Weitere deutsche kommunistische Emigranten befanden sich in der sowjetischen Armee (darunter Major Arthur Pieck, Stefan Doernberg, Jan Vogeler) bzw. in der 7. Abteilung der Politischen Hauptverwaltung der Roten

Armee am Arbatplatz (etwa Frieda Rubiner, Ruth von Mayenburg). Schließlich waren deutsche kommunistische Emigranten als Instrukteure in den Kriegsgefangenenlagern tätig.

Nach den allgemeinen politischen Vorbereitungen ergingen seit Februar 1945 bereits konkrete Direktiven. Am 6. Februar wurde auf einer Besprechung höherer deutscher KP-Funktionäre bei Dimitroff beschlossen, mit dem weiteren Vormarsch der Roten Armee den Einsatz von deutschen antifaschistischen Kadern vorzubereiten. Erneut wurden Kommissionen gebildet, um Vorschläge zur Lösung praktischer Fragen im sowjetisch besetzten Teil Deutschlands auszuarbeiten.

Politisch bedeutsam war vor allem der am 15. Februar 1945 von Walter Ulbricht vorgelegte »Entwurf zu Anweisungen für die Anfangsmaßnahmen zum Aufbau der Parteiorganisation«. Ulbricht setzte sich darin für die schnelle Bildung einer Massenpartei ein durch die Aufnahme möglichst vieler ehrlicher antifaschistischer Arbeiter aus den Betrieben, Ingenieure, Lehrer und anderer Intellektueller, die vom Faschismus gemaßregelt worden waren und die sich standhaft gegenüber dem Nazismus verhalten hatten. Die Partei sollte sich auch breit für antifaschistische Katholiken öffnen; die Frage nach der Religion sollte nicht gestellt werden. Andererseits aber sollten Gewerkschafter und Sozialdemokraten nur dann in die KP aufgenommen werden, wenn sie »mit der Sozialdemokratie gebrochen und sich in der antifaschistischen Arbeit bewährt haben«.

Bei Kommunisten aus der Zeit vor 1933 sollte eine sorgfältige Überprüfung aller jener Mitglieder stattfinden, die nicht an der illegalen Arbeit teilgenommen hatten. Geprüft werden sollte auch, wie sich der Betreffende in der Haft verhalten hatte, wann und wie er aus dem Gefängnis oder KZ entlassen worden war, wie sich Kommunisten an der Front (vor allem an der Ostfront) verhalten hatten und warum sie nicht auf die Seite der Roten Armee übergegangen waren. Nicht aufgenommen werden sollten frühere KPD-Mitglieder, die sich dem Faschismus angepaßt hatten, sowie jene, die zu »parteifeindlichen Gruppierungen« gehört hatten – erwähnt wurden die Brandleristen, die Trotzkisten und die Neumann-Gruppe – und entweder aus der KP ausgeschlossen worden oder selbst ausgetreten waren.

In den Ulbricht-Direktiven wurde eine sozialistische Einheitspartei nicht erwähnt – übrigens nicht einmal eine Zusammenarbeit mit den Sozialdemokraten!

Ende Februar 1945 begann der Schulungskurs für etwa 150 deutsche kommunistische Emigranten im Gebäude des Moskauer Gebietskomitees der Partei über die zukünftige politische Arbeit in Deutschland. Unter den Teilnehmern befanden sich auch Mischa Wolf (der spätere DDR-Geheimdienstchef) und Heinz Hoffmann (der spätere Verteidigungsminister der DDR). Die Instruktionsreferate wurden einmal wöchentlich gehalten. Am ersten Abend berichtete Wilhelm Pieck über die »allgemeinen Aufgaben«, in der zweiten Woche Walter Ulbricht über die Zielsetzung der antifaschistisch-demokratischen Kräfte. Es folgten Hermann Matern über die Lehren aus dem Kampf der KPD in der Weimarer Republik, Anton Ackermann über Schlußfolgerungen aus dem Kampf gegen den Hitler-Faschismus, Edwin Hörnle über Landwirtschaftsprobleme im Nachkriegsdeutschland, Rudolf Lindau über die Lehren aus der Novemberrevolution von 1918. Den Abschluß bildete ein Informationsvortrag über die zukünftigen Aufgaben der Gewerkschaften.

Die wichtigsten Lehrsätze lauteten, kurz gefaßt, folgendermaßen: Das deutsche Volk habe sich, objektiv gesehen, am Verbrechen Hitler-Deutschlands mitschuldig gemacht; daher folgt als logische Konsequenz eine langfristige Besetzung durch die Mächte der Anti-Hitler-Koalition. Die antifaschistisch-demokratischen Kräfte haben die Aufgabe, die Tätigkeit der Besatzungsmächte zu unterstützen: die Vernichtung des Nazismus und Militarismus, die Umerziehung, die Durchführung demokratischer Reformen – Bodenreform und Schulreform – unter peinlichster Beachtung alliierter Vorschriften. Die Bodenreform könne frühestens 1946 beginnen.

Das Unterpfand des Sieges ist die Einheit der Anti-Hitler-Koalition, die es vorbehaltlos zu unterstützen gilt; gegen alle Versuche, die Einheit der drei Großmächte zu unterminieren, ist scharf vorzugehen. Mit einer längeren Periode der Besatzung ist zu rechnen. Es kann Jahre dauern, bis wieder deutsche politische Parteien zugelassen werden; daher die Aufgabe, in örtlichen deutschen Verwaltungen – in Übereinstimmung mit den Weisungen der Alliierten – mitzuarbeiten. Es kann nicht die Aufgabe sein, den Sozialismus zu verwirklichen oder eine sozialistische Entwicklung einzuleiten; dies muß als schädliche Tendenz verurteilt werden. Es geht um die Vollendung der bürgerlich-demokratischen Revolution von 1848, und man muß sich allen übereilten sozialistischen Losungen widersetzen.

Die antifaschistisch-demokratischen Kräfte haben die Aufgabe, die Grenzen anzuerkennen (einschließlich der Oder-Neiße-Linie) sowie die Reparationen. Sobald deutsche politische Organisationen zugelassen werden, kommt es darauf an, eine breite antifaschistisch-demokratische Massenorganisation unter dem Namen »Block der kämpferischen Demokratie« zu schaffen.

Ausgehend von diesen Direktiven, in denen also die Gründung politischer Parteien erst für eine sehr viel spätere Zeit in Aussicht gestellt wurde, lag die unmittelbare Aufgabe der »antifaschistisch-demokratischen Kräfte« darin, in den neu zu bildenden Verwaltungen tätig zu sein.

Dies geht auch hervor aus den am 5. April 1945 beschlossenen »Richtlinien des Politbüros des ZK der KPD für die Arbeit der deutschen Antifaschisten in den von der Roten Armee besetzten deutschen Gebieten«. In diesen Richtlinien wurde erklärt, daß man neue Verwaltungsorgane schaffen sollte, in die Werktätige einzubeziehen seien, die während des Hitler-Regimes am Kampf gegen die Nazi-Herrschaft teilgenommen, sowie entwicklungsfähige Kräfte aus den Reihen der Intelligenz, die nicht der Nazi-Partei oder der Hitler-Jugend angehört hatten. Für die Auswahl und Registrierung der einzustellenden Funktionäre sei ein Personalamt verantwortlich »unter der Leitung eines Genossen, der in den letzten Jahren außerhalb Deutschlands als antifaschistischer Funktionär gearbeitet hat«. Die neugeschaffenen Behörden müßten die Maßnahmen der Militärverwaltung unterstützen – vor allem bei der Aufdeckung der Nazi-Verbrechen, bei der Registrierung der Mitglieder von Nazi-Organisationen, bei Arbeitsleistungen und Wiedergutmachungsverpflichtungen. In den Richtlinien wurde auch die Herausgabe einer Zeitung unter dem Namen *Deutsche Volkszeitung* angeregt sowie deutsche antifaschistische Rundfunksendungen und die Herausgabe von antifaschistischer und fortschrittlicher Literatur. »Im Unterschied zu den anderen Richtlinien und Vorschlägen wurde dieses Dokument zum Beschluß erhoben«, schrieb der DDR-Historiker Günther Benser.

Was die Vorbereitungen in Moskau anbelangt, so geben die DDR-Veröffentlichungen ein etwas verzerrtes Bild in zwei Richtungen. Auf der einen Seite werden, wie bei östlichen Veröffentlichungen häufig üblich, die organisatorisch-politischen Vorbereitungen weit ausführlicher dargestellt und viel höher eingeschätzt, als sie in Wirklichkeit gewesen sind. Bei der Darstellung der Kommissionssitzungen und Memoranden in Moskau 1944 und im Frühjahr 1945 wird nicht erwähnt, daß es sich hier um einen kleinen Kreis von etwa 20 Personen gehandelt hat und der Begriff »die Partei« ein übertriebenes Bild vermittelt. Nicht erwähnt wird die (bereits angesprochene) Tatsache, daß die deutschen kommunistischen Emigranten in Moskau damals in unterschiedlichen Institutionen wirkten und daher zersplittert waren. Andererseits werden die entscheidenden Instruktionsreferate für die Rückkehr nach Deutschland in den DDR-Schriften nicht erwähnt – auch nicht die dort bekanntgegebene Gesamtlinie. Die Richtlinien vom 5. April wurden in den Institutionen für die 150 deutschen kommunistischen Emigranten nicht erwähnt, nicht einmal angedeutet. Sie wurden erstmals 1966 im Band 5 der »Geschichte der deutschen Arbeiterbewegung« veröffentlicht. Auch ich habe davon erst 1966 erfahren.

Einsatz in Berlin

Anfang April 1945 hörte ich zum erstenmal in Moskau von der »Gruppe Ulbricht« sowie von einer »Gruppe Ackermann« und von bald notwendigen Reisevorbereitungen. Aber es war nicht bekannt, wer zu welcher Gruppe gehörte und vor allem nicht, worum es sich überhaupt handelte und welche Aufgaben wir zu erfüllen hatten. Jeder mußte seine tägliche Arbeit weiterhin fortsetzen – darunter ich als Mitarbeiter der Rundfunkredaktion und Rundfunksprecher des Senders »Freies Deutschland«. Zu Beginn der zweiten Aprilhälfte fand das erste Treffen mit Walter Ulbricht statt, wo wir die Anweisung erhielten, unsere sowjetischen Dokumente bei den entsprechenden Kaderchefs abzugeben und uns die notwendigen Kleidungsstücke und andere Reisegegenstände von der Wirtschaftsabteilung des Instituts Nr. 205 zu beschaffen.

Die entscheidende Besprechung mit Ulbricht fand am 27. April statt, auf der er uns mitteilte, daß wir am 29. oder 30. April abfliegen würden. Jeder von uns erhielt ein Bündel Banknoten, darunter 1000 Rubel und 2000 neugedruckte deutsche Nachkriegs-Reichsmark. Immer noch blieb es für manche – darunter auch für mich – unklar, ob es sich um einen kurzen politischen Auftrag handelte (eine sogenannte »Kommandirowka«) oder um eine Rückkehr nach Deutschland für immer. Auf der dritten Besprechung bei Ulbricht am 29. April wurde uns erklärt, wir würden am nächsten Morgen früh um 7 Uhr abfliegen. Wir sollten uns vor dem Nebeneingang des Hotels »Lux« um 6 Uhr treffen und würden mit dem Autobus zum Flugplatz gebracht. Jeder sollte nur einen ganz kleinen Koffer mit den allernotwendigsten Sachen mitbringen.

In der DDR-Geschichtsschreibung wurde behauptet, von Mitte bis Ende April 1945 seien »Einsatzpläne für die Initiativgruppen« fertiggestellt worden. Von solchen »Einsatzplänen« habe ich erstmals in dem 1985 erschienenen Buch »Die KPD im Jahre der Befreiung« von Günther Benser gehört. Damals wurde uns von solchen »Einsatzplänen« nichts berichtet. Die Mitglieder der »Gruppe Ulbricht« lernten sich alle erst am 29. April abends bei der Abschiedsfeier von Wilhelm Pieck im Hotel »Lux« kennen. Es war ein gemütlicher, freundlicher Abend – aber es fiel kein Wort über unsere Aufgabenstellung in Deutschland.

Am Morgen des 30. April um 6 Uhr früh trafen wir uns vor einem kleinen Autobus in der Seitengasse des Hotels Lux, fuhren zum Moskauer Flugplatz Aeroport, wurden nach Vorzeigen eines bestimmten Papiers durch Ulbricht sofort durchgelassen und in eine amerikanische Transportmaschine vom Typ DC 3 gebracht. Mit Ausnahme Walter Ulbrichts wußte niemand, wo wir landen würden; wir wußten nur, wir würden in ein Gebiet kommen, das dem Oberbefehl Marschall Schukows unterstand. Noch immer wurde uns nichts über unsere Tätigkeit erzählt. Uns war bekannt, daß es sich um eine politische Arbeit im Sinne einer antifaschistisch-demokratischen Umgestaltung Deutschlands handeln sollte.

Dem damals 51jährigen Walter Ulbricht zur Seite standen (ohne den Begriff »Stellvertreter« zu benutzen, obwohl sie es de facto waren) Richard Gyptner, ein humorloser, pedantischer Parteibeamter aus dem Institut Nr. 205, sowie Otto Winzer (damals als »Lorenz« bekannt), ähnlich wie Gyptner, allerdings mit scharfem Intellekt, härter und offensiver.

Zu den drei »Mittleren« der »Gruppe Ulbricht« gehörten Hans Mahle, damals 33, der noch lebhaft, natürlich, sympathisch und weniger verkrampft wirkte, Gustav Gundelach, mit 58 das älteste Mitglied, ein früherer Arbeiterfunktionär aus Hamburg, fleißig, arbeitsam und zuverlässig, sowie der 44jährige Karl Maron, ein ehemaliger KP-Sportfunktionär, der bei der Zeitung *Freies Deutschland* unter anderem als Militärkommentator tätig gewesen war.

Schließlich gehörten zur »Gruppe Ulbricht«: Walter Köppe, damals 53, Organisationssekretär im lokalen Berliner Maßstab, der sich durch seinen Berliner Dialekt und seine Weitschweifigkeit auszeichnete, der 48jährige Fritz Erpenbeck, ein Schriftsteller und Journalist aus Mainz, der offensichtlich für kulturelle Fragen zuständig sein sollte, und ich, damals 24, offensichtlich als »Nachwuchsfunktionär« mitgenommen. Das Schlußlicht bildete ein technischer Sekretär, der niemals seinen Namen nannte, ruhig und schweigsam war und bei der »Gruppe Ulbricht« später alle Protokolle schrieb.

Die »Gruppe Ulbricht« hatte zunächst einen Zwischenstopp in Minsk und landete dann in der Nähe von Kalau auf einem Militärflugplatz. Dort kam auch wenige Minuten später ein zweites Flugzeug an, mit den »Genossen Kriegsgefangenen«, wie wir sie damals nannten. Vom Flugplatz aus fuhren wir (Politemigranten und die »Genossen Kriegsgefangenen« getrennt) nach Bruchmühle bei Strausberg (etwa 35 Kilometer östlich von Berlin), wo sich damals die Politische Hauptverwaltung der unter dem Oberbefehl von Marschall Schukow stehenden Streitkräfte befand. Am Abend fanden längere Besprechungen mit höheren, fließend deutsch sprechenden Offizieren der Politischen Hauptverwaltung statt, wobei Otto Winzer besonders herausgestellt wurde.

Am 1. Mai 1945 fuhr Walter Ulbricht morgens allein mit sowjetischen Offizieren nach Berlin und kehrte erst abends zurück. Nun erhielten wir endlich von ihm die Direktiven für unsere Arbeit: Wir sollten deutsche Selbstverwaltungsorgane in Berlin aufbauen, in die verschiedenen Berliner Bezirke fahren, aus antifaschistisch-demokratischen Kräften jene heraussuchen, die sich für den Aufbau einer neuen deutschen Verwaltung eigneten. Jeder von uns werde für jeden Tag einen bestimmten Bezirk zugewiesen erhalten, und abends würden Arbeitssitzungen stattfinden, wo jeder über die Arbeit und die Situation in seinem Bezirk zu berichten habe. Die Arbeit werde am Morgen des 2. Mai 1945 beginnen.

Über die Tätigkeit der beiden anderen »Initiativgruppen« erfuhren wir in den ersten Tagen überhaupt nichts. Erst später wurde uns bekannt, daß am 1. Mai eine zweite Initiativgruppe unter Führung von Anton Ackermann abgeflogen war; zu ihr gehörten unter anderem Hermann Matern, der mit dem sowjetischen militärischen Geheimdienst verbundene Kurt Fischer und der Parteiideologe Fred Oelßner (in der Sowjetunion als »Larew« bekannt). Die »Gruppe Ackermann« landete in der Nähe von Sagan, wurde dort von Semjonow empfangen und siedelte am 10. Mai nach Radebeul bei Dresden über.

Die dritte Gruppe stand unter Leitung von Gustav Sobottka. Dieser Gruppe gehörten neben anderen an: Rudolf Herrnstadt, der Schriftsteller Willi Bredel und der spätere Funktionär der Parteikontrollkommission Hermann Hentschke (in der Kominternschule war er einer der schwächsten, gehörte aber später der Parteikontrollkommission an und hat im März 1949 die Parteiverhöre gegen mich geführt). Diese Gruppe startete erst am 6. Mai 1945, landete in Stargard, kam von dort mit sowjetischen Wagen in die Umgebung von Stettin und war anschließend für Mecklenburg zuständig.

Über die Tätigkeit der »Gruppe Ulbricht« in Berlin habe ich in meinem Buch »Die Revolution entläßt ihre Kinder« ausführlich berichtet – daher erwähne ich hier im Telegrammstil nur einige der wichtigsten politischen Aspekte, vor allem jene, die für den Vergleich mit der späteren offiziellen DDR-Geschichtsschreibung wichtig sind.

Am 2. Mai 1945 traf Walter Ulbricht, der mich mitgenommen hatte, mit Berliner Kommunisten in Neukölln zusammen; dort fiel mir seine selbstherrliche Art und sein Kommandoton gegenüber den Berliner Kommunisten unangenehm auf. Nach der Rückkehr nach Bruchmühle fanden an diesem Abend die ersten Arbeitsbesprechungen statt, die von dem schweigsamen Sekretär protokolliert wurden.

Am 3. Mai 1945 begann die organisierte Tätigkeit: Jedes Mitglied der »Gruppe Ulbricht« bekam einen bestimmten Berliner Bezirk zugewiesen und erhielt von Ulbricht ausgehändigte Namenslisten (die in der DDR-Geschichtsschreibung nicht erwähnt werden), um sich aufgrund dieser Listen bestimmte Antifaschisten auszusuchen. Ulbricht erklärte, die Berliner Bezirksverwaltungen müßten »politisch richtig zusammengestellt« sein. Kommunisten sollten als Bürgermeister höchstens in den Arbeiterbezirken Wedding und Friedrichshain eingesetzt werden; in allen anderen Arbeiterbezirken müßten Sozialdemokraten als Bürgermeister eingesetzt werden, in den bürgerlichen Vierteln Berlins (Zehlendorf, Wilmersdorf und Charlottenburg) ein »Bürgerlicher« (der früher dem Zentrum, der Demokratischen Partei oder der Deutschen Volkspartei angehört habe, nach Möglichkeit über einen Doktortitel verfüge und bereit sei, mit uns zusammenzuarbeiten).

Sozialdemokraten sollten vor allem als Dezernenten für Ernährung, Wirtschaft, Soziales und Verkehr eingesetzt werden (»Sozialdemokraten verstehen was von Kommunalpolitik«, meinte Ulbricht). Die Abteilungen für Gesundheitswesen, Post und Verbindungswesen sollten parteilosen antifaschistischen Spezialisten übergeben werden. Die Hälfte aller Funktionen in den zehn Bezirksverwaltungen sei mit Sozialdemokraten oder Bürgerlichen zu besetzen.

»Unsere Leute« sollten vor allem als Erste Stellvertretende Bürgermeister, als Dezernenten für Personalfragen sowie für Volksbildung eingesetzt werden; »zuverlässige Genossen« seien für den Aufbau der Polizei bereitzustellen. Für den »Beirat für Kirchenfragen« seien antifaschistische Geistliche heranzuziehen. Ulbrichts zusammenfassende Direktive: »Es muß demokratisch aussehen, aber wir müssen alles in der Hand haben.«

Am Abend des 8. Mai 1945 erfolgte der Umzug von Bruchmühle nach Berlin-Friedrichsfelde in die Prinzenallee 80 (heute Einbecker Straße 41). Inzwischen trafen deutsche Genossen aus den Zuchthäusern und Lagern ein; in zunehmendem Maße wurden auch einheimische Kommunisten aus den Berliner Bezirken einbezogen.

Vom 13. Mai an fanden regelmäßige »Sonntagsbesprechungen« mit etwa 80 bis 100 Teilnehmern in der »Rose«, einem Lokal gegenüber dem Haus Prinzenallee 80, statt. Neben den Mitgliedern der »Gruppe Ulbricht« berichteten nun auch diese Genossen über die Situation in ihren Bezirken. Anschließend gab dann Ulbricht seine Direktiven. Bei den Sonntagsbesprechungen herrschte im allgemeinen ein freudiger Aktivismus, aber es machten sich auch Unterschiede zwischen Ulbricht und den deutschen Genossen bemerkbar. Ulbricht hatte gewisse Schwierigkeiten, die geforderte Zusammenarbeit mit den Kirchen und die Bildung der Dezernate für Kirchenfragen zu erklären. Vor allem aber waren die deutschen Genossen unzufrieden über die Übergriffe der sowjetischen Soldaten und die Vergewaltigungen. Einige Genossen verlangten das Recht auf Abtreibung, andere eine offizielle Erklärung, daß man sich als deutsche Kommunisten von den Übergriffen distanziere. Beides wurde durch eine äußerst scharfe Antwort Ulbrichts zurückgewiesen.

Ebenfalls äußerst scharf reagierte Ulbricht auf die spontan entstandenen antifaschistischen Komitees und Ausschüsse. Obwohl es hier und da auch einzelne Personen zweifelhaften Charakters in diesen Ausschüssen gegeben haben mag, waren sie in der Regel äußerst positiv und packten die wichtigsten, dringendsten Lebensfragen erfolgreich an. Ulbrichts scharfe Direktiven zur sofortigen Auflösung aller antifaschistischen Komitees und Ausschüsse führten bei mir und bei anderen zu kritischen Fragen und einem inneren Widerstand, diese Direktiven zu verwirklichen. Ulbricht blieb jedoch unbeugsam. Seine offizielle Erklärung war, alles müsse sich jetzt auf die Verwaltungen konzentrieren; man dürfe die Fehler der griechischen Kommunisten nicht wiederholen, die irgendwelche Komitees gegründet hätten, während die Reaktion inzwischen die Regierungsmacht errichtete. In Wirklichkeit handelte es sich um die Furcht Ulbrichts und der sowjetischen Funktionäre vor einer spontanen Tätigkeit, die nicht oder nur schwer zu kontrollieren war, und um ihren Willen, alles in eigener Hand zu haben.

Zur Tätigkeit der »Gruppe Ulbricht« gehörten auch die »Sonderaufträge«; sie forderten, daß man die übliche Tätigkeit sofort zu unterbrechen habe, um, in der Regel mit sowjetischen Offizieren, bestimmte besonders wichtige Aufgaben zu übernehmen. Aus meiner eigenen Erinnerung habe ich den Sonderauftrag über die »Trotzkisten in Reinickendorf« geschildert sowie die Sonderfahrt zum Berliner Rundfunk in der

Masurenallee, um Tonbandaufnahmen und Protokolle des Besuchs von Molotow in Berlin im Oktober 1940 zu konfiszieren, damit diese nicht in die Hände der westlichen Verbündeten fielen (der Begriff »westliche Verbündete« war damals üblich, später wurde von »imperialistischen Besatzungszonen« gesprochen).

Mitte Mai 1945 erfolgte die Direktive Ulbrichts, sich auf die zwölf westlichen Bezirke Berlins zu konzentrieren und die acht Bezirke im Sowjetsektor zunächst beiseite zu lassen. Gleichzeitig sollten wir auch mit dem Aufbau des Berliner Magistrats beginnen. Nach dem üblichen Schlüssel wurde Arthur Werner (den Liberalen nahestehend) Oberbürgermeister Berlins, Karl Maron sein Stellvertreter, Arthur Pieck Personalchef und »Lorenz« (Otto Winzer) Dezernent für Volksbildung. Von den Sozialdemokraten wurde Josef Orlopp als Dezernent für Handel eingesetzt, von den »Bürgerlichen« Andreas Hermes für Ernährung, Professor Sauerbruch für Gesundheit und Hans Scharoun für das Bauwesen.

Am 13. Mai begann der Berliner Rundfunk wieder zu senden. Für die Rundfunktätigkeit standen zunächst Hans Mahle, Fritz Erpenbeck sowie der (mit dem zweiten Flugzeug eingereiste, dem »Stande der Kriegsgefangenen« angehörende) ehemalige Pfarrer Mathäus Klein zur Verfügung, während ich in der Prinzenallee 80 ebenfalls Texte für den Berliner Sender schrieb. Am 28. Mai trafen aus Moskau Edwin Hörnle, Lore Pieck, Heinz Keßler und Fritz Schälicke ein. Die gesamte Tätigkeit der »Gruppe Ulbricht« lief unter dem Motto »antifaschistischdemokratisch«. Wir waren der festen Überzeugung, daß es auf längere Zeit hin keine antifaschistischen Organisationen geben werde, vor allem keine politischen Parteien.

Die Veränderung der politischen Linie erfolgte in der Zeit vom 4. bis 10. Juni 1945. Für die Mehrzahl der »Gruppe Ulbricht« war dies eine Überraschung. Nach Günther Benser

(»Aufruf der KPD vom 11. Juni 1945«) wurde in der Nacht vom 3. zum 4. Juni Anton Ackermann, damals in Chemnitz, informiert, er müsse unverzüglich nach Berlin kommen. Von hier flog Ackermann gemeinsam mit Walter Ulbricht und dem inzwischen ebenfalls eingetroffenen Gustav Sobottka mit einer Militärmaschine nach Moskau. Dort wurden sie am 4. Juni von Wilhelm Pieck zu einer längeren Aussprache empfangen. Am selben Abend fand ein Gespräch mit Stalin und weiteren Mitgliedern des sowjetischen Politbüros statt. In der Nacht vom 5. zum 6. Juni schrieb Anton Ackermann den Entwurf eines Gründungsaufrufs der KPD. Es folgten erneut Gespräche mit Vertretern des sowjetischen Politbüros (diesmal ohne Stalin) sowie mit Georgi Dimitroff. In diesen Gesprächen wurde die Neubildung der KPD beschlossen sowie eine Aktionseinheit mit der SPD, jedoch keine Einheitspartei.

Am 10. Juni kehrten Ulbricht, Ackermann und Sobottka mit dem KPD-Gründungsaufruf nach Berlin zurück. Danach vollzog sich eine drastische Veränderung der politischen Linie: Es gelte sofort, die Kommunistische Partei Deutschlands neu zu gründen; alles übrige müsse beiseite gestellt werden. Gleichzeitig sei eine eigene Parteizeitung unter dem Namen *Deutsche Volkszeitung* zu schaffen. Alle Bestrebungen von Sozialdemokraten, die SPD neu zu konstituieren, sollten gefördert werden. Man solle sich einsetzen für die Bildung einheitlicher Gewerkschaften aus Kommunisten, sozialdemokratischen Gewerkschaftern und Vertretern der christlichen Gewerkschaften. Die Bildung zweier bürgerlicher Parteien (Zentrum und Deutsche Demokratische Partei) sei zu unterstützen. Nach der Gründung der Kommunistischen Partei solle eine Aktionseinheit mit den Sozialdemokraten und anschließend die Bildung eines »antifaschistisch-demokratischen Blocks« der vier Parteien erfolgen.

Schließlich seien Vorbereitungen für eine Bodenreform zu treffen, die schon im Sommer und Herbst 1945 durchgeführt werden solle.

Durch die überraschende Veränderung der politischen Linie kam es in der Prinzenallee 80 zu hektischer Aktivität. Eine Besprechung löste die andere ab; wir erhielten neue Wagen, um Verbindungen der Spitzenfunktionäre mit Funktionären in den Orten sicherzustellen. Der aus Moskau angereiste Fred Oelßner diktierte – zwei Tage nach seiner Ankunft – bereits das erste Schulungsheft für die Kommunistische Partei Deutschlands.

Die Grundlinie des aus Moskau mitgebrachten KPD-Aufrufs vom 11. Juni lautete, daß es darum gehe, die bürgerlich-demokratische Revolution, die 1848 begonnen wurde, fortzusetzen und zu vollenden. Es gelte, die feudalen Überreste zu beseitigen und den reaktionären preußischen Militarismus zu vernichten. Die deutschen Kommunisten wollten nicht das Sowjetsystem übernehmen, sondern sich für ein antifaschistisch-demokratisches Regime einsetzen, für eine parlamentarisch-demokratische Republik mit allen demokratischen Rechten und Freiheiten für das Volk.

Das aktuelle 10-Punkte-Programm enthielt unter anderem die Liquidierung der Überreste des Hitler-Regimes; eine Reihe wirtschaftlicher und sozialer Forderungen (darunter die »völlig ungehinderte Entfaltung des freien Handels und der privaten Unternehmerinitiative auf der Grundlage des Privateigentums«); die Wiederherstellung freier Gewerkschaften und antifaschistisch-demokratischer Parteien sowie die Schaffung eines demokratisch-fortschrittlichen und freiheitlichen Geistes in allen Schulen; die Enteignung der Nazi-Bonzen und Kriegsverbrecher; die Bodenreform; die Übergabe der Betriebe mit lebenswichtigen Produktionen in die Hände der Selbstverwaltungsorgane der Gemeinden bzw. Provinzen und Länder; das friedliche Zusammenleben mit anderen Völkern und die Anerkennung der Pflicht zur Wiedergutmachung. Das KPD-Aktionsprogramm sollte als Grundlage zur Schaffung eines »Blocks der antifaschistisch-demokratischen Parteien« gelten. Dabei wurden die Kommunistische Partei, die Sozialdemokratische Partei, die Zentrumspartei »und andere« genannt.

Bei der anschließenden Zusammenkunft mit 80 bis 100 Berliner Genossen in der Prinzenallee/Ecke Hohenlohestraße fand der von Ulbricht verlesene KPD-Aufruf keineswegs ungeteilte Zustimmung. Damals wurde noch recht offen gesprochen. Ein Berliner Genosse stellte die kritische Frage: »Worin unterscheidet sich das Programm von dem irgendeiner beliebigen demokratischen Partei?« Darauf Ulbricht grinsend: »Das wirst du schon bald merken, Genosse. Warte nur mal ein bißchen ab.«

Der Aufruf des Zentralkomitees der KPD war von sechzehn KP-Funktionären unterzeichnet. Die ersten fünf Unterzeichner waren Wilhelm Pieck, Walter Ulbricht, Franz Dahlem, Anton Ackermann und Gustav Sobottka. Auffallend war, daß von der »Gruppe Ulbricht« Otto Winzer und Hans Mahle erst an 15. und 16. Stelle erschienen, Richard Gyptner überhaupt nicht. Elli Schmidt, die Frau Anton Ackermanns, erschien unter dem Aufruf mit ihrem Moskauer Parteinamen »Irene Gärtner«. Zu den Unterzeichnern gehörten auch Paul Wandel und Johannes R. Becher.

In der Nacht vom 11. zum 12. Juni übertrug der Berliner Rundfunk den Aufruf der KPD. Gleichzeitig wurde in einer etwas zerstörten, aber doch noch funktionsfähigen Druckerei in der Mauerstraße die erste Nummer der *Deutschen Volkszeitung* hergestellt. Dafür eingesetzt waren Paul Wandel, Fritz Erpenbeck und ich sowie ein technischer Sekretär, der ununterbrochen kam und ging und mit Stenotypistinnen, Lastwagen, Möbeln und Schreibmaschinen zurückkehrte.

Am 12. Juni wurde der KPD-Aufruf von Walter Ulbricht im »Neuen Stadthaus« vorgestellt. Anwesend waren etwa 200 Personen. Ulbricht erläuterte den Gründungsaufruf und sprach sich für eine Aktionsgemeinschaft zwischen SPD und KPD sowie einen späteren antifaschistisch-demokratischen Block, aber gegen die sofortige Gründung einer sozialistischen Einheitspartei aus. Anschließend sprach Gustav Dahrendorf, der Vater des späteren FDP-Politikers und Soziologen Ralf Dahrendorf, im Namen der neugegründeten SPD. Es fand eine kurze Aussprache statt, bei der fast alle Diskussionsredner die Gründung einer einheitlichen sozialistischen Partei befürworteten – ein Gedanke, der von Ulbricht erneut abgelehnt wurde.

Mit der Gründung der KPD war die Tätigkeit der »Gruppe Ulbricht« beendet.

Zunächst hat sich die DDR-Geschichtsschreibung äußerst schwer damit getan, offen bekanntzugeben, wer zur »Gruppe Ulbricht« gehörte. Von den zehn Namen, die ich 1955 in meinem Buch »Die Revolution entläßt ihre Kinder« genannt habe, wurde in DDR-Veröffentlichungen mein Name stets verschwiegen, vorübergehend wurden auch Gustav Gundelach und Hans Mahle nicht mehr erwähnt, wodurch die »Gruppe Ulbricht« zeitweise auf sieben Mitglieder schrumpfte. In einigen Schriften wurde dann Arthur Pieck als Mitglied genannt (der niemals der »Gruppe Ulbricht« angehörte) oder die Formulierung »und andere« benutzt.

Eine neue Situation ergab sich erst, als Erich Honecker in seinen Memoiren »Aus meinem Leben« erwähnte, wie er zur »Gruppe Ulbricht« in der Prinzenallee 80 gestoßen war und dort Wolfgang Leonhard getroffen hatte (»damals Mitarbeiter der Gruppe der Beauftragten des Zentralkomitees, später unserer Sache abtrünnig und wütender Verleumder der SED und der DDR«). Erst 1985 nannte Günther Benser die wirkliche Namensliste, wobei sich auch herausstellte, daß der geheimnisvolle, schweigsame Sekretär Otto Fischer hieß. Verschwiegen wurden in der DDR-Geschichtsschreibung die »Sonderaufträge« der »Gruppe Ulbricht«; die Schwierigkeiten und Kontroversen zwischen der »Gruppe Ulbricht« und den einheimischen Berliner Kommunisten wurden entweder nicht erwähnt oder höchst unklar umschrieben.

Die Auflösung der Antifaschistischen Komitees blieb in der DDR-Geschichtsschreibung ebenfalls unerwähnt; seit den siebziger Jahren wurde diese problematische Maßnahme beschrieben, aber durch den Hinweis zu rechtfertigen versucht, die einheimischen Kommunisten hätten »sektiererische Auffassungen« vertreten, die Auflösung dieser Komitees und Ausschüsse sei daher gerechtfertigt gewesen.

In allen DDR-Schriften wurde der Eindruck zu erwecken versucht, als habe es eine ungebrochene, einheitliche politische Linie gegeben; der plötzliche Wechsel in der zweiten Juniwoche 1945 mit der überhasteten Neugründung der KPD und die Vorverlegung der Bodenreform vom Sommer 1946 auf den Sommer 1945 wurde nicht erwähnt.

Der Widerhall des KPD-Aufrufs vom 11. Juni 1945 wurde maßlos übertrieben; gewiß spielte dieser Aufruf für die Kommunisten in den verschiedenen Gebieten und Orten Deutschlands eine große Rolle (obwohl sie meist verspätet von diesem Aufruf erfuhren), aber in der Bevölkerung war der Widerhall des Aufrufs gering, weil diese damals andere Sorgen hatte.

Die Einheitskampagne bis zur Gründung der SED

In der Periode von Juni bis November 1945 veränderten sich die Beziehungen zwischen der SPD und der KPD weitgehend. Die starken Einheitswünsche vom Juni 1945 und das damalige Bestreben auch vieler Sozialdemokraten, sofort eine Einheitspartei zu schaffen, waren schon bald abgeklungen.

Die Ursache für den Stimmungswandel lag vor allem in der Bevorzugung der KPD gegenüber der SPD:
- Die materiellen Möglichkeiten der KPD waren beträchtlich größer als die der SPD. Die KPD verfügte über mehr Autos und mehr Benzin; die Auflage der KPD-Zeitungen lag bei über vier Millionen Exemplaren, die SPD-Zeitungen mußten sich mit weniger als einer Million begnügen.
- Bei der Besetzung von Verwaltungsstellen und Funktionen wurden Sozialdemokraten vielfach ausgeschaltet und Kommunisten einseitig bevorzugt. Dies stieß bei vielen Sozialdemokraten auf berechtigte Unzufriedenheit, um so mehr, als nicht nur etwa Altkommunisten in wichtige Stellungen gebracht wurden, sondern auch sogenannte »Neukommunisten«, das heißt Personen, die gerade eben ihr Parteibuch erhalten hatten, darunter viele Opportunisten.
- In vielen Fällen fand eine Zensur wichtiger sozialdemokratischer Reden und Erklärungen statt. Das hervorstechendste Beispiel ist die Rede Otto Grotewohls auf der SPD-Kundgebung am 14. September 1945 in der *Neuen Welt* in der Hasenheide. Alle Hinweise Grotewohls auf Flüchtlinge, Ausweisungen, Kriegsgefangene und Grenzziehungen wurden gestrichen.
- Die KPD verfügte über einen gewaltig aufgeblähten Funktionärsapparat mit materiellen Privilegien, während die SPD sich auf einen relativ kleinen Funktionärsapparat beschränken mußte.
- Sowjetische Kommandanten und Offiziere der Sowjetischen Militär-Administration (SMA) griffen nicht selten in die inneren Angelegenheiten der SPD ein, so durch politischen Druck und Einschüchterungsmaßnahmen, um kritische und unabhängige Stimmen in der SPD auszuschalten, zumindest aber einzuschüchtern.
- Schon im Herbst 1945 häuften sich Beispiele von Verhaftun-

gen solcher SPD-Funktionäre, die sich durch Eigenständigkeit oder Treue zu sozialdemokratischen Zielsetzungen auszeichneten.

Andererseits herrschte bei den KPD-Funktionären ein ungutes Gefühl, da im Laufe des Herbstes 1945 deutlich wurde, daß trotz aller Bevorzugung der KPD die SPD beträchtlich schneller wuchs als die KPD.

Die Beziehungen zwischen KPD und SPD waren allerdings nicht überall gleich. In einigen Orten, Bezirken und Ländern gab es kameradschaftliche Beziehungen, in Einzelfällen sogar ein freundschaftliches Verhältnis zwischen Kommunisten und Sozialdemokraten; in anderen Bezirken und Orten herrschte eine gespannte, ja feindliche Atmosphäre, da Sozialdemokraten an unzähligen Beispielen die Bevorzugung der KPD durch die sowjetische Besatzungsmacht und die Einschüchterungsmaßnahmen erlebten.

Das genaue Datum des Beginns der Einheitskampagne der KPD ist umstritten. Aus manchen Schriften scheint hervorzugehen, daß schon Ende September und Anfang Oktober 1945 bestimmte Erklärungen in dieser Richtung veröffentlicht wurden. Als Zeitzeuge, der damals im ZK-Apparat tätig war, würde ich Anfang November 1945 als den Zeitpunkt des Startschusses ansehen. Ende Oktober traf sich die SPD-Führung mit dem ZK der KPD (damals in der Wallstraße) zu einer Besprechung. Der KPD-Vorschlag, eine gemeinsame Revolutionsfeier beider Parteien abzuhalten, auf der sowohl die deutsche Revolution von 1918 als auch die Oktoberrevolution von 1917 im Mittelpunkt stehen sollten, wurde von der SPD-Führung abgelehnt. Dies verstärkte das Mißtrauen in der KP-Führung; die selbständige KPD-Feier am 9. November und die SPD-Feier am 11. November ließen zunehmende Widersprüche deutlich werden.

Auf der KPD-Feier am 9. November 1945 erklärte Wilhelm Pieck (offensichtlich ohne jegliche Absprache mit der SPD), bei den bevorstehenden (für 1946 vorgesehenen) Wahlen in der Sowjetzone würden beide Parteien mit gemeinsamen Wahlprogrammen, gemeinsamen Listen und gemeinsam aufzustellenden Kandidaten auftreten. Wilhelm Pieck beendete seine Ansprache mit dem Ruf: »Es lebe die brüderliche Zusammenarbeit der Kommunisten und Sozialdemokraten mit dem Ziel ihrer Vereinigung in eine einheitliche Arbeiterpartei!« Damit war die Schaffung einer einheitlichen Arbeiterpartei erstmals von der KPD-Führung öffentlich verkündet worden.

Zwei Tage später folgte die SPD-Feier mit einer Rede Otto Grotewohls. Obwohl die gesamte KPD-Führung eingeladen worden war, kam nur Wilhelm Pieck, der mich dazu einlud. Wir wurden von der SPD höflich begrüßt und in eine Loge geleitet, die für Gäste reserviert war. Grotewohl brachte in seiner Rede kritische Hinweise über Demontage und Reparationen sowie über die Oder-Neiße-Linie als endgültige deutsche Grenze. Er gab eine Standortbestimmung der SPD, wonach sie innenpolitisch eine mittlere Position zwischen den bürgerlichen Parteien und den Kommunisten einnehme, außenpolitisch eine mittlere Stellung zwischen der Sowjetunion und den westlichen Demokratien. Die Einheit der Arbeiterbewegung, so Grotewohl, könne nicht durch Beschluß zentraler Instanzen herbeigeführt werden, sondern müsse auf dem Willen der Mitglieder beider Parteien beruhen. Sie könne auch nicht durch äußeren Druck erzwungen werden; vor allem dürfe eine Vereinigung nicht auf eine Besatzungszone beschränkt sein, sondern müsse in ganz Deutschland (»im Reichsmaßstab«) erfolgen. Der Kernsatz Grotewohls: Eine Einheit muß ein Akt der Selbstbestimmung sein, niemals das Ergebnis eines Drucks.

Auf der Rückfahrt nach Pankow erklärte Wilhelm Pieck im Wagen: »Grotewohl hat sich mit seiner heutigen Rede ganz klar und offen als Gegner der Einheit ausgesprochen.« Grotewohls Rede wurde in keiner Zeitung der Sowjetzone veröffentlicht und führte zu heftigen Auseinandersetzungen im SPD-KPD-Einheitsausschuß.

Mit der Rede Grotewohls am 11. November 1945 war eine neue Situation entstanden. Durch diese Rede wuchs in KPD-Kreisen die Furcht vor einer Verselbständigung der SPD. Diese war verknüpft mit der Furcht vor einer möglichen Überlegenheit der SPD bei den für 1946 vorgesehenen Wahlen in der Sowjetzone. Hinzu kamen die schwere Niederlage der ungarischen Kommunisten bei den Wahlen in der ersten Novemberhälfte 1945 und die anschließenden noch ernsteren Niederlagen der KP bei den österreichischen Parlamentswahlen (wo die SPÖ 76 und die KPÖ nur 4 Mandate erhielt). Die Auswirkungen dieser beiden Wahlen spielten bei den Diskussionen im ZK-Apparat eine außerordentlich wichtige Rolle.

Von November 1945 bis April 1946 war die Einheitskampagne das alles überragende, entscheidende Ereignis in der Sowjetzone. Die offizielle Behauptung von einem »freiwilligen Zusammenschluß« ist weit von der Realität entfernt; andererseits aber erfolgte dieser auch nicht *nur* durch Druck und Einschüchterung (so wichtig diese Aspekte waren) im Sinne einer »Zwangsvereinigung«, sondern enthielt auch – was häufig übersehen wird – eine Reihe relativ weitgehender ideologisch-politischer Konzessionen. Das Ausmaß dieser Konzessionen macht deutlich, wie sehr die Sowjetführung daran interessiert war, die Vereinigung durchzuführen.

Zu diesen ideologisch-politischen Konzessionen gehörten:
- In Hunderttausenden von Exemplaren wurden, zur Verwunderung der damaligen Kommunisten, die alten sozialdemokratischen Parteiprogramme gedruckt und vertrieben – darunter das Eisenacher Programm von 1869, das Gothaer Programm von 1875 und das Erfurter Programm von 1891.
- In der Parteischulung wurden, zum erstenmal für Kommu-

nisten, verstärkt die Schriften von August Bebel, Wilhelm Liebknecht und sogar von Karl Kautsky und Rudolf Hilferding herangezogen und Zitate benutzt, die für die Einheitskampagne zu brauchen waren. Vor allem August Bebel sollte herausgestellt werden (Fred Oelßner, damals Leiter des Agitprop, zu uns: »August Bebel ist wie ein rohes Ei zu behandeln«).

– Anton Ackermanns Aufsatz über einen besonderen deutschen Weg zum Sozialismus beinhaltete für Kommunisten völlig neue Thesen, nämlich erstens die Möglichkeit, einen friedlichen Weg zum Sozialismus zu beschreiten; zweitens russische Erfahrungen nicht zu übertragen und einen besonderen deutschen Weg zum Sozialismus einzuschlagen; und drittens die Einschätzung, der besondere deutsche Weg zum Sozialismus werde es ermöglichen, daß – im Unterschied zur Sowjetunion – die politische Entwicklung sich weniger opferreich gestalten und die Entfaltung der sozialistischen Demokratie beschleunigt werden könne.

– Die Ersetzung des für Kommunisten typischen Organisationsprinzips des »demokratischen Zentralismus« durch das Prinzip des »demokratischen Bestimmungsrechts der Mitglieder« (Beschluß der 60er Konferenz am 20. und 21. Dezember 1945).

– Alle gewählten Parteileitungen auf allen Ebenen der zukünftigen Einheitspartei würden paritätisch zusammengesetzt – gleichberechtigt aus Kommunisten und Sozialdemokraten.

– Es wurde der Eindruck erweckt, die SED würde eine absolut neue Partei sein, die mit der Fortsetzung der alten KP nichts mehr zu tun habe. So wurden auch alle typischen, für die KPD üblichen Bezeichnungen verändert: statt Politbüro hieß es nun Zentralsekretariat, statt Zentralkomitee Parteivorstand, statt Abteilung »Agitation und Propaganda« jetzt »Schulung und Werbung«; die für die KPD übliche Betriebsgruppenstruktur sollte ersetzt werden durch eine Gleichberechtigung der Wohngruppen und Betriebsgruppen. Diese ideologisch-politischen Konzessionen während der Vereinigungskampagne haben eine wichtige Rolle gespielt, und zwar in doppelter Hinsicht: Sie sollten den Sozialdemokraten die Zustimmung zur Vereinigung erleichtern und selbständig denkenden, kritischen Kommunisten ein Ansporn zur Bildung der Einheitspartei sein, ihnen die Hoffnung vermitteln, die zukünftige Einheitspartei werde die positiven Aspekte der beiden früheren getrennten Arbeiterparteien in sich vereinen.

Die politisch-ideologischen Konzessionen waren jedoch nur *ein* Aspekt der Vereinigungskampagne. Für die meisten Sozialdemokraten jener Periode waren der Druck und die Einschüchterung das Entscheidende. Sowohl von sowjetischer Seite als auch von der Seite der deutschen KP-Führung wurde in dieser Periode eine bewußte Irreführung betrieben, das Ausspielen unterschiedlicher SPD-Führer gegeneinander, die Methode, einheitswillige Sozialdemokraten zu belohnen, unabhängige Sozialdemokraten in der Presse zu verleumden und zu diffamieren, gegenüber Einheitsgegnern Drohungen und Repressalien anzuwenden – darunter auch Verhaftungen.

Über diese negativen Aspekte zu berichten, sind die vielen sozialdemokratischen Zeitzeugen jener Periode befugter als ich. Daher seien hier nur stichwortartig einige der damals von der KPD-Führung und der sowjetischen Besatzungsmacht bei der Verleumdungskampagne benutzten Methoden erwähnt:

Am 10. November 1945, am Vortag der erwähnten Grotewohl-Rede, kehrte der Sohn Erich W. Gniffkes, Gerd, in einem Sonderflugzeug aus der sowjetischen Gefangenschaft zurück. Wenige Tage später erhielt Erich W. Gniffke eine Einladung zu Oberst Tulpanow, der ihn äußerst liebenswürdig empfing und versuchte, ihn insofern gegen Grotewohl auszuspielen, als er ihm vorschlug, er – Gniffke – müsse selbst als der entscheidende SPD-Führer hervortreten, die Sowjets würden ihm dabei behilflich sein. Am 12. November wurde Max Fechner zu einer ähnlichen Aussprache mit Tulpanow eingeladen. Nach seiner Rückkehr ins SPD-Büro zeigte er stolz seinen neuen BMW, der ihm persönlich zum Geschenk gemacht worden war, und berichtete von dem Versprechen Tulpanows, sein Buch »Wie konnte es geschehen?« in einer riesigen Auflage herauszubringen und ihm ein Honorar von 300 000 Mark zu bewilligen. Auch Grotewohl wurde wiederholt zu Tulpanow eingeladen, wobei sich später herausstellte, daß er die übrigen SPD-Führer über diese Unterredungen nicht oder nur unvollständig informiert hatte.

Ende Januar 1946 wurde Grotewohl von Marschall Schukow zu einem längeren Gespräch über die Vereinigung eingeladen, wobei der Marschall, als von Schwierigkeiten bei der Vereinigung die Rede war, die einen ungewöhnlichen Vorschlag beinhaltende Frage stellte: »Ist Ulbricht nicht genehm? Soll er zurückgezogen werden?« Auch über dieses Gespräch hat Grotewohl den SPD-Zentralausschuß damals nicht informiert; erst viel später berichtete E. W. Gniffke darüber. Grotewohl erhielt offensichtlich bei diesem Gespräch von Schukow weitgehende Zusagen, denn von da an wurde er zum Haupteinpeitscher der Vereinigung.

Wiederholt wurden von seiten der KPD-Führer Versprechungen gemacht, obwohl diese genau wußten, daß sie nicht eingehalten würden. Ein typisches Beispiel: Beim Treffen der SPD- und KPD-Führer am 5. Dezember 1945 kamen sozialdemokratische Besorgnisse über die Vereinigungskampagne zum Ausdruck. Wilhelm Pieck versprach, man werde von seiten der KPD die Vereinigung nicht überstürzen. Auf die Frage Otto Grotewohls, ob es einen bestimmten Termin für die Vereinigung gebe, antwortete Wilhelm Pieck: »Natürlich nicht.«

Gustav Dahrendorf war schockiert, als er erfuhr, daß einer seiner Söhne vom sowjetischen Staatssicherheitsdienst zur Mitarbeit aufgefordert worden war, mit der Aufgabe, den eigenen Vater zu bespitzeln. Als Dahrendorf während der Vereinigungskampagne nach Hamburg floh, hatte die KPD-Führung bereits einen Artikel gegen ihn bereit und übersandte Grotewohl, Fechner und Gniffke eine Kopie davon. Gniffke und Fechner waren zutiefst erschüttert, ihren engsten Freund durch diese Flucht verloren zu haben. Grotewohl jedoch redigierte unbekümmert den von der KPD vorbereiteten Artikel und gab seine Zustimmung zu folgendem Satz: »Es ist bemerkenswert, daß Dahrendorf den gleichen Weg ging wie gewisse Kreise der Großgrundbesitzer und Konzernherren, die sich im sowjetisch besetzten Gebiet nicht wohl fühlten.«

Anläßlich der Wahlen für die Anfang Februar 1946 vorgesehene Gewerkschaftsdelegiertenkonferenz war es das Ziel Ulbrichts, auf dieser Konferenz eine kommunistische Mehrheit zu erhalten, um dort einen Einheitsbeschluß durchsetzen zu können. Trotz der Vereinbarung, paritätisch Sozialdemokraten und Kommunisten zu wählen, gab Ulbricht die Direktive aus: »Nur Kommunisten wählen«.

Die KPD verfügte damals auch über Geheimmitglieder, die offiziell in anderen Parteien – SPD, Ost-CDU und Ost-LDP tätig waren, um die KPD über die Vorgänge dort zu informieren und – bei besonders wichtigen Anlässen – in den anderen Parteien in einer Weise aufzutreten, die den Interessen der KPD dienlich war. Zahl und Personenkreis dieser Geheimmitglieder lassen sich – solange die Archive geschlossen sind – dokumentarisch nicht belegen, aber deren Existenz ist unbestreitbar.

Beim häufig erwähnten »Druck von unten« handelte es sich in Wirklichkeit um einen kombinierten Druck von oben und von unten. Von seiten der Sowjetischen Militäradministration (SMA) und der KPD erwies es sich meist als leichter, auf unteren bzw. mittleren Ebenen Druck und Einschüchterung auszuüben als auf die Zentrale. Daher wurden dann die unteren und mittleren Ebenen als »Hebel« benutzt, um den SPD-Zentralausschuß vor vollendete Tatsachen zu stellen. Das bekannteste Beispiel dafür ist die Tagung des SPD-Zentralausschusses am 10./11. Februar 1946 mit den Landesvorsitzenden, auf der vor allem Heinrich Hoffmann (Thüringen), Otto Buchwitz (Sachsen) und Bruno Böttcher (Sachsen-Anhalt) für eine sofortige Vereinigung eintraten. Damit wandten sie sich gegen die offizielle SPD-Linie, einen Reichsparteitag abzuwarten. Die drei Genannten drohten sogar, sich vom Zentralausschuß loszusagen und eine SPD-KPD-Vereinigung auf Länderebene ohne Zustimmung des Zentralausschusses zu vollziehen. Durch diesen von oben organisierten »Druck von unten« wurde die Entscheidung zugunsten der Vereinigung zweifellos gefördert.

Trotz des versprochenen »demokratischen Bestimmungsrechtes der Mitglieder« wurde die sozialdemokratische Urabstimmung am 31. März 1946 über die Frage der Vereinigung im Sowjetsektor Berlins und in der Sowjetzone verboten. Die Urabstimmung konnte nur in den westlichen Bezirken Berlins stattfinden. Von den 32 447 SPD-Mitgliedern stimmten 2 937 für eine sofortige Vereinigung; 5 559 Sozialdemokraten Berlins waren gegen jede Vereinigung und gegen jedes Bündnis mit den Kommunisten. Die überwältigende Mehrheit der Berliner Sozialdemokraten, nämlich 14 753, sprach sich für ein Bündnis mit der KPD, aber gegen eine sofortige Vereinigung aus. Die Urabstimmung konnte jedoch den »Fahrplan« nicht mehr verhindern. Zwischen dem 8. und 14. April fanden in der gesamten Sowjetzone und auch in Berlin Landesparteitage statt, die mehrheitlich die Vereinigung zur SED beschlossen.

Nach dieser Vorbereitung folgten am 19./20. April der 15. Parteitag der KPD sowie gleichzeitig der 40. Parteitag der

SPD und dann, am 21. und 22. April 1946, der Gründungsparteitag der SED.

Es ist festzuhalten, daß die früheren Versprechungen bei diesen Parteitagen noch einmal feierlich beschworen wurden. So erklärte Anton Ackermann auf dem 15. Parteitag, die Sozialistische Einheitspartei werde eine »unabhängige Partei« sein, »weil sie in ihren Entschlüssen völlig frei sein wird; sie wird die grundlegenden Lehren des Marxismus (der Leninismus wurde nicht erwähnt!) auf die spezifisch deutschen Verhältnisse und auf den spezifisch deutschen Weg der Entwicklung anwenden«.

Selbst Wilhelm Pieck erklärte damals: »Wir Kommunisten haben oft die Erfahrungen der Oktoberrevolution schematisch auf Deutschland übertragen. Dabei haben wir die nationalen Besonderheiten Deutschlands und der deutschen Arbeiterbewegung häufig weitgehend ignoriert.«

Auf dem Gründungskongreß der SED wurde neben der Unabhängigkeit der SED auch das Bekenntnis zur parlamentarisch-demokratischen Republik und zur Verwirklichung des Sozialismus in der sozialen Demokratie herausgestellt. Auf dem Kongreß erklärte Grotewohl, die sowjetischen Besatzungsbehörden würden es ihm wohl nicht verübeln, wenn er an dieser Stelle erkläre, daß die heute geschaffene Sozialistische Einheitspartei »durch ihre riesengroße politische Stärke eine so große Sicherheit für unseren Bestand in der sowjetischen Zone darstellt, daß wir auf die Bajonette der Russen nicht mehr angewiesen sind«.

Der tosende Beifall war ein Ausdruck der Hoffnung, daß die sowjetische Besatzung kurzfristiger Natur sei und man schon bald aufgrund eigener Traditionen einen selbständigen Weg zum Sozialismus beschreiten könne.

Grotewohl betonte besonders die Notwendigkeit der innerparteilichen Demokratie und die freie Persönlichkeit. Die SED, erklärte er, habe die Aufgabe, »die freie Persönlichkeit zu entwickeln und zu entfalten«, und er fuhr fort: »In keiner deutschen Partei lebt wohl die Achtung vor den Lebensrechten der Menschen heißer und stärker als in der Sozialistischen Einheitspartei.«

Es bleibt die Frage, wie die während der Vereinigung und auf dem Vereinigungskongreß selbst gegebenen feierlichen Erklärungen, programmatischen Darlegungen und bindenden Versprechungen gehalten worden sind. Nach vier Jahrzehnten, die seit dem Gründungskongreß der SED vergangen sind, läßt sich feststellen:

— Das Bekenntnis zum besonderen deutschen Weg zum Sozialismus wurde im August 1948 als falsch und parteifeindlich verurteilt; Anton Ackermann mußte Selbstkritik üben und wurde später degradiert. Seine These vom besonderen deutschen Weg zum Sozialismus wurde ersetzt durch die Losung »Von der Sowjetunion lernen heißt siegen lernen«.

— Die damals verkündete Abkehr vom »demokratischen Zentralismus« und die Verkündung des »demokratischen Bestimmungsrechts der Mitglieder« wurden rückgängig gemacht. Der demokratische Zentralismus wurde erneut zum Grundprinzip der Partei erhoben; in der Praxis bedeutete dies ein bürokratisch-zentralistisches Unterordnungssystem in der SED.

— Grotewohls Verkündung von der heißen und starken Achtung der Lebensrechte der Menschen klingt im Rückblick wie Ironie und hinterläßt einen bitteren Nachgeschmack.

— Die damaligen ideologischen Konzessionen — zum Beispiel die Hervorhebung von Wilhelm Liebknecht und August Bebel, sogar von Rudolf Hilferding und den früheren sozialdemokratischen Parteiprogrammen — wurden aufgehoben; sie wurden ersetzt durch die totale Übernahme des Marxismus-Leninismus sowjetischer Prägung.

- Das beschworene Versprechen einer absoluten Parität von Sozialdemokraten und Kommunisten in der SED wurde bereits im Oktober 1948 aufgehoben und durch das Prinzip 7:2 ersetzt (7 Kommunisten und 2 Sozialdemokraten); die Sozialdemokraten wurden auf allen Ebenen abgehalftert und nur jene wenigen belassen, die bereit waren, sich völlig in den bürokratischen Machtapparat zu integrieren und sich der sowjetischen Führung unterzuordnen.
- Die Erklärung Grotewohls auf dem Gründungsparteitag, die SED stelle eine so große Sicherheit dar, daß man auf die Bajonette der Russen nicht mehr angewiesen sei, erwies sich als unwahr; noch immer stehen sowjetische Divisionen zwischen Elbe und Oder.
- Alle Umbenennungen, die den Hoffnungen auf einen neuen Charakter der zukünftigen SED Rechnung tragen sollten, wurden rückgängig gemacht; in der SED gab es – wie in allen kommunistischen Staatsparteien – wieder ein Politbüro, ein Zentralkomitee und ein ZK-Sekretariat.
- Die Entwicklung führte nicht nur zur Unterdrückung der Einheitsgegner, sondern auch zur »Säuberung« der Partei von allen denjenigen, die sich zunächst für die Vereinigung ausgesprochen, aber dennoch ihre Selbständigkeit bewahrt hatten – zunächst von Sozialdemokraten und, seit 1948, auch von selbständigen Kommunisten.
- Von den vierzehn Mitgliedern des Zentralsekretariats beim Gründungskongreß (sieben Sozialdemokraten und sieben Kommunisten) verschwanden folgende Sozialdemokraten von der politischen Bildfläche: Karstens trat 1947 zurück, Gniffke floh im Oktober 1948 nach West-Deutschland, Otto Meier, Käthe Kern und Helmut Lehmann wurden im Januar 1949 degradiert, Max Fechner aus dem Zentralsekretariat entfernt und im Juli 1953 als »Feind der Partei

und des Staates« aus der Partei ausgeschlossen und verhaftet. Nur Grotewohl blieb.

Von den sieben Kommunisten in der ersten SED-Führung wurde Paul Merker im August 1950 unter der Anschuldigung, kein Vertrauen zur Sowjetführung gehabt zu haben, aller Funktionen enthoben; Franz Dahlem wurde vorgeworfen, Blindheit gegenüber imperialistischen Agenten bewiesen zu haben; Anton Ackermann wurde 1949 degradiert und 1953 aus der Parteiführung entfernt; Elli Schmidt aus der Führung verdrängt und 1953 auf einen unbedeutenden Posten abgeschoben.

Wenige Jahre nach der Gründung der SED waren von den vierzehn ursprünglichen SED-Führern nur Pieck, Grotewohl und Ulbricht übriggeblieben. (1985)

Der Kreml und die Gründung der DDR

*Von der Zusammenarbeit mit dem Westen
zur Festigung des Besitzstandes*

Eine immer wieder gestellte Frage lautet: Handelt es sich bei der Gründung der DDR um eine bloße Reaktion auf die Konstituierung der Bundesrepublik Deutschland oder entsprangen die Vorgänge in der Sowjetzone einer langfristigen Konzeption der sowjetischen Außenpolitik?

Beide dieser möglichen Thesen würde ich gleichermaßen ablehnen. Die Gründung der DDR Anfang Oktober 1949 war weit mehr als eine bloße Reaktion auf die vorangegangene Konstituierung der Bundesrepublik, denn die Möglichkeiten eines eigenen DDR-Staates waren bereits seit längerer Zeit von der Kreml-Führung ins Auge gefaßt worden. Es handelt sich also nicht um eine Kurzschluß- oder Augenblickshandlung als Antwort auf die vorangegangene Konstituierung der Bundesrepublik. Ebenso lehne ich jedoch die zweite in der Frage enthaltene These ab, wonach die sowjetische Führung von Anfang an, also etwa seit 1943/45, die Teilung Deutschlands und die Bildung eines Separat-Staates bewußt und planmäßig angestrebt hätte.

Meine eigene These lautet, kurz zusammengefaßt: Die Gründung der DDR im Oktober 1949 ist das Ergebnis eines langen Ringens zweier sowjetischer Deutschland-Konzeptionen, die bereits 1943/44 in Umrissen ausgearbeitet worden waren.

Absolute Priorität hatte zunächst die langfristige Zusammenarbeit mit den westlichen Alliierten unter der Zielsetzung eines demokratischen Gesamtdeutschland. Diese Konzeption – im weiteren »Konzeption I« genannt – war auf der damaligen sowjetischen Hoffnung begründet, durch eine langfristige Zusammenarbeit mit den westlichen Alliierten a) den deutschen Nazismus und Militarismus, damals als ernste Gefahr angesehen, zu vernichten, b) die sich abzeichnenden Neuerwerbungen in Osteuropa durch entsprechende Friedensverträge mit Hilfe des Westens zu legitimieren, c) in wichtigen Fragen der Weltpolitik durch diese Zusammenarbeit ein entscheidendes Mitspracherecht zu erhalten, d) die benötigte Wirtschaftshilfe für die Sowjetunion und die osteuropäischen Länder zu erleichtern, e) den Anspruch auf 10 Milliarden Reparationen durchsetzen zu können und f) an der geplanten Viermächtekontrolle des Ruhrgebietes beteiligt zu werden.

Konzeption I entsprach also der damaligen Interessenlage der sowjetischen Führung; die Zusammenarbeit mit dem Westen unter der Zielsetzung eines Gesamtdeutschland war zunächst die vorherrschende Konzeption.

Diese Grundtendenz wirkte sich auch – besonders deutlich – auf die sowjetische Deutschlandpolitik aus. So wurde auf den Instruktionsreferaten für deutsche kommunistische Emigranten im Hause des Moskauer Gebietskomitees der Partei (Januar bis April 1945) die langfristige Zusammenarbeit mit dem Westen und die gemeinsame Deutschlandpolitik in den Vordergrund gestellt. Von der Möglichkeit der Bildung eines ostdeutschen Separatstaates war damals nicht die Rede.

So eindeutig die erwähnte Priorität der sowjetischen West- und Deutschlandpolitik von 1943/45 auch war, so muß darauf hingewiesen werden, daß bereits damals in Moskau »für alle Fälle« eine mögliche Alternative ins Auge gefaßt wurde. Im Falle von Schwierigkeiten bei der Verwirklichung der Konzeption I wurde eine gewisse »Auffangstellung« vorbereitet. Dafür sprach vor allem die in Moskau seit Spätsommer 1943 erscheinende Zeitschrift *Krieg und Arbeiterklasse* (zunächst nur in russischer, kurz darauf auch in englischer und später auch in deutscher Sprache); es handelte sich um ein Organ, das kommunistische Funktionäre vor einer zu großen »Vertrauensseligkeit« gegenüber den westlichen Alliierten warnen sollte. In Keimform war hier eine zweite Alternative sichtbar, nämlich das Bestreben, bei Nichterfüllung der Konzeption I die Sicherung des eigenen Besitzstandes in Osteuropa in den Vordergrund zu stellen, ohne jedoch damals bereits einen eigenen Staat in Ostdeutschland ins Auge zu fassen. Die in Moskau geschaffenen Komitees – das »Polnische Komitee der nationalen Befreiung«, das »Nationalkomitee Freies Deutschland« und ähnliche Organe für die übrigen osteuropäischen Länder – konnten sowohl für die Verwirklichung der Konzeption I als auch, falls notwendig, für Konzeption II eingesetzt werden.

Die Entwicklung der sowjetischen West- und Deutschlandpolitik von Kriegsende bis zur Gründung der DDR läßt sich in drei Perioden einteilen. Sie sind durch das Ringen der beiden Konzeptionen miteinander gekennzeichnet, wobei allmählich und schrittweise die Konzeption I durch die Konzeption II ersetzt wurde. Dieser Übergang ist nicht nur, wie häufig angenommen, durch Reaktionen Moskaus auf Schritte des Westens verursacht worden, sondern auch durch innersowjetische Faktoren (darunter die Furcht vor einer Lockerung des Systems und Maßnahmen zur Wiederherstellung der totalitären Kontrolle) und, in noch größerem Maße, durch die Furcht vor Verselbständigungstendenzen in den Ländern Osteuropas.

Erste Periode: Mai 1945 bis Frühjahr 1947

Von Kriegsende bis zum Frühjahr 1947 war die Entwicklung durch die Priorität der Konzeption I gekennzeichnet.

Die Zusammenarbeit mit den Westmächten und das Eintreten für ein demokratisches Gesamtdeutschland kamen – trotz Differenzen in Einzelfragen – auf der Potsdamer Konferenz deutlich zum Ausdruck. Dabei handelte es sich nicht nur um ein diplomatisches Treffen, sondern alle deutschen antifaschistisch-demokratischen Parteien wurden damals ständig auf die gemeinsamen Beschlüsse von Potsdam eingeschworen. Die Sowjetführung war auf den Konferenzen der Außenminister von 1945 bis Frühjahr 1947 zwar bestrebt, eigene Zielsetzungen zu unterstreichen, dies jedoch in der Regel in einer solchen Form zu tun, daß die Zusammenarbeit zwischen der Sowjetunion und den Westmächten nicht gefährdet werden sollte.

In den osteuropäischen Ländern (einschließlich der Sowjetischen Besatzungszone) wurde damals die breite Zusammenarbeit mit sozialdemokratischen und unterschiedlichen bürgerlichen Parteien auf dem Boden einer antifaschistisch-demokratischen Zielsetzung angestrebt, ohne weitreichende eigene Konzeptionen in den Mittelpunkt zu stellen, ja diese wurden sogar als »Linksabweichungen« bekämpft. Immer wieder wurden damals auch sowjetzonale Kommunisten gewarnt: »Kein Wort von Sozialismus. Geht nicht zu schnell vorwärts, stärkt den antifaschistisch-demokratischen Block, bleibt im Rahmen der antifaschistisch-demokratischen Wandlungen.« In internen Funktionärskreisen wurde dies manchmal mit dem Hinweis verbunden, es sei nötig, um die Beziehungen der Sowjetunion zu den Westmächten nicht zu gefährden.

Die wiederholten öffentlichen Erklärungen über einen »eigenständigen Weg zum Sozialismus« – der ja eine gewisse Abgrenzung von der Sowjetunion bedeutete – und die Konzeption der »realen Demokratie« verbunden mit dem Hinweis, daß diese etwa in der Mitte zwischen den westlichen und östlichen Systemen liegen sollte, unterstreichen diese Tendenz. Dafür sprach auch der Regierungseintritt kommunistischer Parteien in einigen demokratischen Ländern Westeuropas (Frankreich, Italien, Belgien, Luxemburg, Dänemark, Norwegen und Island) mit einer relativ maßvollen Politik und der deutlichen Bekundung der gemeinsamen Zusammenarbeit mit anderen demokratischen Kräften, wobei die kommunistischen Parteien damals ständig nur den Wiederaufbau betonten, eigene weitreichende Vorstellungen dagegen zurückstellten.

Gleichzeitig vollzogen sich zwischen Mai 1945 und Frühjahr 1947 jedoch schon die ersten Akzentverschiebungen, die davon zeugten, daß die Konzeption I zwar noch absolut im Vordergrund stand, aber bereits gewisse Abschwächungen erfolgten, erste, wenn auch nur in Keimform erkennbare Ansätze in der Richtung auf Konzeption II.

Zu diesen Akzentverschiebungen gehörte der bedeutungsvolle Artikel des französischen KP-Führers Jacques Duclos am 24. Mai 1945, in dem die Zusammenarbeit mit dem Westen zwar noch unterstrichen, aber gleichzeitig vor Illusionen gewarnt wurde. Die Anti-Hitler-Koalition und die nationale Einheit müßten im Vordergrund stehen, aber man dürfe dabei den Klassenstandpunkt nicht vergessen. Der Duclos-Artikel galt als wichtigste Direktive für die kommunistischen Parteiführungen aller Länder (einschließlich der SBZ); er wurde auch (übrigens nicht auf französisch, sondern auf russisch) an die Zentrale in Ost-Berlin weitergegeben, wo ich damals den Artikel für Ulbricht sofort übersetzen mußte.

Die bei allen Ost/West-Betrachtungen im Mittelpunkt stehende amerikanische Atombombe (die erste wurde am 16. Juli 1945, einen Tag vor Eröffnung der Potsdamer Konferenz, gezündet) wurde damals offiziell von der Sowjetunion heruntergespielt, dürfte aber eine kritischere Betrachtung der sowjetischen Führung gegenüber den westlichen Alliierten verstärkt haben.

Weit seltener erwähnt, aber meiner Auffassung nach für einen beginnenden Wandel von großer Bedeutung, waren die katastrophalen Wahlniederlagen der kommunistischen Parteien in Österreich und Ungarn (Oktober bis November 1945), die der sowjetischen Führung deutlich zu erkennen gaben, daß unter demokratischen Bedingungen die kommunistischen Parteien nur Minderheitsparteien sein würden. Die Hoffnungen, im Rahmen einer antifaschistisch-demokratischen Periode die Kommunistische Partei zur stärksten Partei zu machen, wurden damit weitgehend gedämpft. Die unmittelbare Folge davon war die Einheitskampagne in der Sowjetischen Besatzungszone, die zur Gründung der SED im April 1946 führte. Über dieses Ereignis hinaus dürfte sich in der Sowjetführung die Entschlossenheit verstärkt haben, freie Wahlen unterschiedlicher Parteien in Osteuropa nur beschränkt zuzulassen und das Schwergewicht auf Einheitslisten und »Nationale Fronten« zu legen.

Die Rede Churchills in Fulton (5. März 1946) und seine Forderung nach einer stärkeren militärischen Zusammenarbeit des Westens gegen die sowjetische Expansion wurde von Stalin als bedrohlich angesehen und scharf kritisiert. Churchill wurde von Stalin in seiner Rede am 13. März 1946 als »Hetzer des 3. Weltkrieges« bezeichnet. Die Verschärfung war offensichtlich, bedeutete von sowjetischer Seite jedoch nicht, daß die Zusammenarbeit mit dem Westen aufgegeben wurde. Hinzu kamen, manchmal übersehen, wichtige innersowjetische Faktoren. Die katastrophale sowjetische Mißernte 1946 (die in vielem an das Hungerjahr 1921 erinnerte) führte, entgegen früherer Absichten, dazu, die Lebensmittelrationierung weiter beizubehalten und hemmte die gesamte sowjetische wirtschaftliche Entwicklung. Die katastrophale Situation der sowjetischen Landwirtschaft und Ernährung ließ die Führung um Stalin 1946/47 befürchten, gegenüber dem Westen in einer unterlegenen Position zu sein, was durch eine schärfere Politik zu überbrücken versucht wurde. Die innersowjetischen Schwierigkeiten wirkten sich direkt auch auf die Deutschlandpolitik aus und führten unter anderem zur zweiten großen Welle der Demontage in der Sowjetischen Besatzungszone.

Mit der Niederlage der SED bei den Wahlen in Berlin im Oktober 1946 war für die Sowjetführung eine weitere ernste Enttäuschung gefolgt. Die Tatsache, daß die SED unter freien Bedingungen nur 19,8 Prozent der Stimmen erhielt, wurde von der Sowjetführung als Warnung betrachtet und verminderte die Hoffnung weiter, unter demokratischen Bedingungen eigene Vorstellungen durchsetzen zu können.

In den Ost/West-Beziehungen schwand für die Sowjetunion zudem die Hoffnung, die erstrebten Reparationslieferungen im Ausmaß von 10 Milliarden Dollar zu erhalten und an der Ruhrbehörde beteiligt zu werden.

Diese Ereignisse führten dazu, daß die Grundkonzeption I zwar weiterhin die Priorität hatte, aber bereits abgeschwächt war, und die ersten Schritte des Übergangs zur Konzeption II ins Auge gefaßt wurden.

Zweite Periode: Frühjahr 1947 bis Herbst 1948

In der zweiten Phase vollzog sich die entscheidende Wandlung der sowjetischen West- und Deutschlandpolitik. Die bisherige Priorität der Zusammenarbeit mit den Westmächten und das Eintreten für ein Gesamtdeutschland trat – ausgelöst durch verschiedene Ereignisse – in den Hintergrund; die Sicherung des eigenen Besitzstandes in Osteuropa, darunter auch in der Sowjetzone Deutschlands, rückte nun an die erste Stelle.

Der Übergang von Konzeption I zu Konzeption II wurde vollzogen. Dieser Übergang setzte nicht schroff ein, sondern begann im Frühjahr 1947 durch einen vorübergehenden Zickzackkurs, der deutlich das Abwägen unterschiedlicher Faktoren zum Ausdruck brachte. Anschließend an die Verkündung der Truman-Doktrin vom 12. März 1947, die in ihrer Freiheit bedrohten Staaten amerikanische Hilfe in Aussicht stellte, kam es von sowjetischer Seite aus zunächst sogar vorübergehend zum Versuch eines erneuten, teilweise sogar weitergehenden Einlenkens. In der Sowjetzone wurde dies etwa durch den Vorschlag Tulpanows sichtbar, eine SPD in ihrer Zone wieder zuzulassen, wobei bereits die entsprechenden Funktionäre ausgesucht wurden – eine Tatsache, die durch eine entsprechende offizielle Erklärung Tulpanows am 22. April 1947 bestätigt wurde.

Die Periode des Abwägens und des Zickzackkurses währte bis Anfang Juni 1947. Dafür zeugte auch die etwas unentschlossene Haltung der Sowjetführung bei der Pariser Konferenz im Juni 1947, auf der der Marshall-Plan zur Diskussion stand. Zunächst traf Molotow bekanntlich mit 80 sowjetischen Experten in Paris ein und verzögerte die Entscheidungen, bis er eine Direktive Stalins erhielt, den Marshall-Plan abzulehnen und die Konferenz zu verlassen.

Nach der Ablehnung des Marshall-Plans wurde die Kooperation mit dem Westen eingeschränkt und der Übergang von der Konzeption I zur Konzeption II vollzogen. Entscheidend für den Umschwung der sowjetischen Politik 1947/48 waren unter anderem folgende Faktoren:
– Die Furcht der Stalin-Führung, durch den Marshall-Plan könnten die osteuropäischen Länder sich aus der sowjetischen Einflußsphäre lösen und in den Einflußbereich des Westens, namentlich der USA, geraten.

- Die Ausbootung der kommunistischen Minister aus den westlichen Regierungen (Italien, Frankreich, Belgien, Dänemark, Luxemburg, Norwegen und Island) in der Periode von März bis Juni 1947 und, wenige Monate später, auch aus den Länderregierungen der Westzonen Deutschlands. Damit waren die Einflußmöglichkeiten auf die Entwicklung Westeuropas genommen, und die Konzeption der Festigung des eigenen Besitzstandes in Osteuropa erhielt eine zunehmende Bedeutung.
- Das Scheitern der Londoner Außenministerkonferenz im Dezember 1947, auf der die sowjetischen Reparationsforderungen endgültig zurückgewiesen wurden.
- Die zunehmenden Widerstände in osteuropäischen Ländern gegen die kommunistische Vorherrschaft (vor allem in Polen, Tschechoslowakei und Ungarn), wobei, von Moskau aus betrachtet, der Beschluß der Sozialdemokratischen Partei der Tschechoslowakei vom November 1947 in Brno (Brünn) besonders ernst war, da sich die SP damals gegen die Vereinigung mit der KP wandte und ihre Eigenständigkeit besonders deutlich unterstrich.
- Die wachsende Popularität Jugoslawiens und Marschall Titos in den Ländern Osteuropas. Bei seinen Besuchen in osteuropäischen Hauptstädten (Ende 1946 bis Anfang 1948) wurde Tito mehr bejubelt als die sowjetischen Führer; von Stalin wurde auch die zunehmende Ausstrahlungskraft der Jugoslawen auf die westeuropäischen Kommunisten als ernste Gefahr angesehen, um so mehr, als gleichzeitig der wachsende Widerstand Jugoslawiens gegen eine sowjetische Kontrolle, darunter sowjetische Agenten und Berater, zum Ausdruck kam.
- Die Erklärung von Georgi M. Dimitroff (Ende Januar 1948) über eine geplante Bildung einer Föderation ost- und südosteuropäischer Staaten, bestehend aus Polen, Tschechoslo-

wakei, Ungarn, Rumänien, Jugoslawien, Bulgarien und Albanien, die von Stalin als Gefährdung der sowjetischen Führungsrolle in Osteuropa angesehen und von ihm in der *Prawda* daher schroff zurückgewiesen wurde.

Es waren also nicht nur Reaktionen auf westliche Handlungen, sondern auch Ereignisse innerhalb Osteuropas und der Sowjetunion selbst, die die sowjetische Führung bewogen, zwischen Frühjahr 1947 und Herbst 1948 die Wandlung von der Konzeption I zur Konzeption II zu vollziehen.

Dieser Übergang fand seinen Ausdruck auch in folgenden Ereignissen: Im Mai 1947 erfolgte die Verurteilung Eugen Vargas, jenes Theoretikers, der die Zusammenarbeit der Sowjetunion mit den Westmächten während der Kriegsjahre theoretisch untermauert hatte. Nun, im Mai 1947, wurden die Konzeptionen Eugen Vargas öffentlich kritisiert und damit ein deutlicher Hinweis gegeben, daß sich die politische Linie geändert hatte. Im Juni 1947 folgte die geheime Reise der vier SED-Führer (Pieck, Grotewohl, Ulbricht und Fechner) nach Moskau zu Verhandlungen mit Stalin, Molotow, Berija, Schdanow und Suslow. In den Gesprächen mit den SED-Führern wies Stalin damals darauf hin, daß die Einheit Deutschlands sich verzögere und die SED daher die Aufgabe habe, zunächst die reaktionären Kräfte in Wirtschaft und Verwaltung der Sowjetzone auszuschalten. Im gleichen Sinne ist auch die Rückberufung der Ministerpräsidenten der ostdeutschen Länder von der Münchener Konferenz (Ende Juni 1947) zu verstehen.

Die Tatsache, daß es sich hier nicht nur um eine Wandlung der sowjetischen Deutschland-Politik, sondern der Einstellung zum Westen überhaupt handelte, wurde durch die Gründung des Kommunistischen Informationsbüros (Kominform) im September 1947 deutlich, als Schdanow im Namen der Sowjetführung die bedeutungsvolle Konzeption der »zwei Lager«

bekanntgab, womit nunmehr auch offiziell die Anti-Hitler-Koalition als beendet angesehen wurde.

Mit dem Februar-Umsturz 1948 in der Tschechoslowakei – wodurch die bis dahin bestehende Koalitionsregierung durch eine KP-Diktatur ersetzt wurde – war die neue Direktive erstmals in die Tat umgesetzt worden.

Die Verschärfung des Kurses wirkte sich besonders deutlich in der Deutschland-Politik aus. Dafür zeugte die Sprengung des Alliierten Kontrollrates durch das Ausscheiden Marschall Sokolowskis im März 1948 und die gleichzeitig erfolgte Übergabe weiterer Vollmachten an die »Deutsche Wirtschaftskommission« der Sowjetzone, die damit als Kern einer möglichen zukünftigen sowjetzonalen Regierung in Erscheinung trat. Seit Anfang April 1948 wurde der Verkehr von Westdeutschland nach West-Berlin zunehmend erschwert – eine Entwicklung, die im Juni 1948 zur Blockade Berlins führte.

Eine weitere Verschärfung ergab sich durch den Ausschluß Jugoslawiens aus dem Sowjetblock (Ende Juni 1948) und die sich anschließende Kampagne sowohl gegen Jugoslawien als auch gegen wirkliche oder vermeintliche »Titoisten« in den osteuropäischen Ländern, darunter auch in der SBZ. Mit der Verurteilung der These vom »besonderen deutschen Weg zum Sozialismus« und der Verkündung der neuen Konzeption, daß es nur den sowjetischen Weg zum Sozialismus gäbe (August/September 1948), wurde deutlich, daß es sich hier keineswegs nur um Jugoslawien, sondern um eine grundlegende allgemeine Wandlung handelte. Dies wurde im Spätherbst 1948 auch noch dadurch verdeutlicht, daß die Volksdemokratie offen als eine Form der Diktatur des Proletariats bezeichnet wurde.

Mit diesen Wandlungen entfiel auch jegliche Notwendigkeit, die ursprünglich verkündete Parität in der SED fortzusetzen. Im Oktober 1948 erging die von Erich W. Gniffke erwähnte Direktive, wonach die Parität in der SED zwischen Sozialdemokraten und Kommunisten abzuschaffen und zu ersetzen sei durch die Formel 7:2 zugunsten der Kommunisten.

Dies sind nur einige Beispiele – die durch andere zu ergänzen wären –, die dafür zeugen, daß sich vom Frühjahr 1947 bis Herbst 1948 die Wandlung von der Zusammenarbeit mit dem Westen mit der Zielsetzung eines demokratischen Gesamtdeutschland zur Festigung des eigenen Besitzstandes in Osteuropa vollzogen hatte. Diese Wandlung aber war die Voraussetzung für die Bildung eines ostdeutschen Separatstaates, für die Gründung der DDR.

Dritte Periode: Herbst 1948 bis zur Gründung der DDR im Oktober 1949

Mit dem Umschwung in der zweiten Phase waren nun die Weichen gestellt: Die Festigung des eigenen Besitzstandes, die sowjetische Vorherrschaft über Osteuropa und die Bildung eines eigenständigen Staates in der Sowjetzone Deutschlands standen nun im Vordergrund.

Die Politik der sowjetischen Führung war in dieser Phase darauf gerichtet, die Länder Osteuropas (einschließlich der SBZ) politisch, wirtschaftlich, militärisch und ideologisch dem System der UdSSR anzugleichen und gleichzeitig die Unterordnung unter die Sowjetunion zu festigen und öffentlich herauszustellen. Dies bedeutet jedoch nicht, daß die Konzeption I völlig *ad acta* gelegt wurde. Sie blieb als Reserve erhalten, spielte aber nicht mehr die dominierende Rolle.

Die sowjetische Politik in dieser dritten Phase von Herbst 1948 bis Oktober 1949 ist unter anderem durch folgende Entwicklungen gekennzeichnet:

– Drastische Verschärfung des innenpolitischen Kurses in der

Sowjetunion, mysteriöser Tod Schdanows (Ende August 1948), verbunden mit der Verhaftung seiner Anhänger (»Leningrader Affäre«) als Zeichen einer allgemeinen Vorbereitung für eine neue große Säuberung.
– Forcierte Zusammenschlüsse sozialdemokratischer und kommunistischer Parteien in Polen, der Tschechoslowakei, Ungarn, Rumänien und Bulgarien, wobei selbst auf den Schein einer Parität verzichtet und die kommunistische Priorität von vornherein garantiert und eindeutig unterstrichen wurde.
– Völlige Degradierung und Unterordnung der anderen »Blockparteien« unter die herrschenden marxistisch-leninistischen Staatsparteien.
– Verschärfung der Wachsamkeitskampagnen und Säuberungen innerhalb der herrschenden Staatsparteien Osteuropas (einschließlich der SED in der Sowjetzone), mit dem Ziel, alle nach Unabhängigkeit strebenden Kräfte auszuschalten, verbunden mit der Vorbereitung großer Schauprozesse gegen wichtige KP-Führer Osteuropas.
– Verpflichtung für alle kommunistischen Parteien (sowohl Ost- wie auch Westeuropas), im Falle eines Krieges die sowjetischen Truppen zu unterstützen (Februar bis März 1949). Die entsprechende Erklärung der SED-Führer erfolgte am 4. März 1949, womit die Unterordnung unter die Sowjetunion in einer nicht zu überbietenden Deutlichkeit herausgestellt wurde.
– Beginn des Übergangs zur Planwirtschaft nach sowjetischem Muster; erste Schritte zur Vorbereitung einer zukünftigen Kollektivierung in den Ländern Osteuropas.
– Organisierte Flüsterkampagnen seit Sommer 1948, die in höheren Parteikreisen verbreitet wurden, wonach die osteuropäischen Länder – einschließlich der Sowjetzone – in Zukunft als Unionsrepubliken der UdSSR angegliedert

werden sollten. (Diese Zielsetzung ist inzwischen in den Memoiren des jugoslawischen Historikers Vladimir Dedijer, »Stalins verlorene Schlacht«, bestätigt worden.)
- Zunehmender Einfluß sowjetischer »Berater« in allen Bereichen der Wirtschaft, der Partei, des Militärwesens und des Staatssicherheitsdienstes.
- Verbreitung der Losungen »Von der Sowjetunion lernen heißt siegen lernen«, »Mit der Sowjetunion für ewige Zeiten«, um die Unterordnung unter die sowjetische Führung zu unterstreichen; Ausdehnung des Stalin-Kults auf die Länder Osteuropas, einschließlich der Sowjetzone Deutschlands.

Alle diese (und viele andere) Aspekte zeugen davon, daß nunmehr die Festigung des eigenen Blocks für die Sowjetführung in den Vordergrund gerückt war. Die sowjetische Zielsetzung in Osteuropa (einschließlich der SBZ) bestand in der Forcierung einer innenpolitischen Stalinisierung dieser Länder, gekoppelt mit der verstärkten Unterordnung unter die sowjetische Führung. Im Rahmen dieser Gesamtpolitik war die Herausbildung der Staatsgründung der DDR bereits vorgezeichnet.

Die Konstituierung der Bundesrepublik Deutschland ist damit nicht die Ursache für die Gründung der DDR, sondern hat lediglich die Formen, Methoden und das Tempo der DDR-Gründung beeinflußt.

Kurzes Resümee: Die Gründung der DDR erscheint daher nicht als das Ergebnis eines bereits 1945 (oder gar 1943) vorgezeichneten langfristigen sowjetischen Planes, geht andererseits aber in der Bedeutung über eine einfache »Gegenmaßnahme« als Antwort auf die Konstituierung der Bundesrepublik Deutschland hinaus.

Die Gründung der DDR muß als das Ergebnis einer schrittweisen Wandlung der Prioritäten der sowjetischen West-

und Deutschlandpolitik gesehen werden. Diese Wandlung von 1943 bis Oktober 1949 ist nicht nur durch Aktionen oder Maßnahmen des Westens zu erklären, sondern hinzu kommen zwei andere wichtige Faktoren: einerseits der innersowjetische Faktor und andererseits die Furcht vor möglichen Selbständigkeitstendenzen in Osteuropa.

Das Zusammenspiel von Aktionen des Westens, Selbständigkeitsregungen in den osteuropäischen Ländern und innenpolitischen bzw. wirtschaftspolitischen Problemen der Sowjetunion haben dazu geführt, daß in der Periode von 1943 bis 1949 schrittweise die Konzeption I durch die Konzeption II ersetzt wurde. Dies erfolgte nicht durch ein einziges dramatisches Ereignis, sondern im Verlauf der drei geschilderten Perioden.

Die Gründung der DDR im Oktober 1949 erscheint damit als das Ergebnis des Ringens zweier sowjetischer West- und Deutschland-Konzeptionen; Ereignisse im Westen haben nur Formen, Methoden und Tempo bestimmt, können aber nicht als alleinige Erklärung zur Gründung der DDR herangezogen werden. (1979)

Die CDU in der Sowjetzone
1945–1948

Am 16. Juni 1945 trafen sich bei Andreas Hermes in der Berliner Platanen-Allee unter anderen Jakob Kaiser, Ernst Lemmer, Heinrich Krone, Otto Heinrich von der Gablentz und Ferdinand Friedensburg, um über die Bildung einer großen, die konfessionelle Begrenzung sprengenden Partei zu beraten. Nach einigen Diskussionen einigten sich die Teilnehmer des Treffens auf die grundlegenden Zielsetzungen (Volkspartei, Gemeinwohl, Deutsche Einheit) und auf den Namen Christlich-Demokratische Union (unter anderem war auch »Deutsche Aufbaupartei«, »Christliche Volkspartei«, »Soziale Volkspartei« und »Demokratische Union« vorgeschlagen worden). Nach den Vorbereitungen im provisorischen Parteibüro in der Schlüterstraße 39 in Berlin-Charlottenburg zog Mitte Juli der CDU-Vorstand in die neue »Reichsgeschäftsstelle« in die Jägerstraße 59/60 um. Es folgte die Gründungskonferenz am 22. Juli 1945 im Theater am Schiffbauer Damm, die Herausgabe der ersten »Informationsbriefe« und die Ernennung des CDU-Mitbegründers Friedensburg zum Leiter der deutschen Zentralverwaltung für Brennstoffindustrie.

Bald ergaben sich die ersten Konflikte mit der KPD – über die Bodenreform, wobei Andreas Hermes nicht »gegen die Bodenreform« war (wie stets in der DDR behauptet), sondern gegen die Modalitäten und Durchführungsbestimmungen Bedenken hatte. In der »Hermes-Krise« von Oktober bis

Dezember 1945 waren die von den Sowjetbehörden benutzten Methoden bezeichnend: So versuchten sie unter anderem, Hermes durch das Versprechen der vorzeitigen Entlassung seines Sohnes Peter aus sowjetischer Kriegsgefangenschaft umzustimmen; nachdem sich dies als fruchtlos erwies, wurde der Sohn von Hermes, der sich bereits auf der Heimreise befand, wieder in das Lager zurückgebracht.

Aber neben Schwierigkeiten gab es anfangs für die CDU auch Hoffnungen: die große Resonanz des ersten Parteitages im Juni 1946 (unter Teilnahme prominenter westlicher Gäste), der schnelle Aufschwung der Mitgliederzahlen (im Herbst 1946: 170 000) sowie – trotz einseitiger Bevorzugung der SED durch die Besatzungsbehörden und Schwierigkeiten für die CDU bei der Registrierung – die Erfolge bei den Gemeindewahlen im September 1946 und den Landtagswahlen im Oktober 1946, bei der die CDU mehr als ein Viertel der Wählerstimmen auf sich vereinigen konnte. Je größer die Erfolge, um so mehr wuchsen allerdings auch die Schwierigkeiten und Schikanen, darunter auch willkürliche Verhaftungen und Verschleppungen (wie Anfang März 1947 die Verhaftung der Berliner Studenten und CDU-Mitglieder Manfred Klein und Georg Wrazidlo).

Der frühere gesamtdeutsche Minister Johann Baptist Gradl hat in seinen Erinnerungen (»Anfang unter dem Sowjetstern«) auf den untrennbaren Zusammenhang zwischen dem demokratischen Engagement der CDU in der Sowjetzone und den Bemühungen für die deutsche Wiedervereinigung hingewiesen. Nach der bereits Ende 1945 in Godesberg beschlossenen Arbeitsgemeinschaft der CDU aus allen Zonen folgte Anfang Februar 1947 die konstituierende Sitzung in Königstein/Taunus sowie, vor allem, das nachdrückliche Eintreten der CDU für die »Nationale Repräsentation«. Dabei hatte die CDU nicht nur mit Schwierigkeiten seitens der sowjetischen Besatzungsmacht zu kämpfen, sondern auch ernsthafte Differenzen mit der Schumacher-Führung der SPD zu bestehen.

Gradl sieht im Frühsommer 1947 eine entscheidende Weichenstellung. Mit dem sowjetischen »Nein« zum Marshall-Plan erhöhten sich drastisch die Schwierigkeiten für die CDU in der Sowjetzone, die an ihrer grundsätzlichen Bejahung des Marshall-Plans festhielt. Hinzu kam der gleichzeitig einsetzende Kurswechsel der SED-Führung gegenüber dem »Block antifaschistischer demokratischer Parteien«: Neben SED, CDU, LDPD sollten nun die von der SED beherrschten Gewerkschaften, die Vereinigung der gegenseitigen Bauernhilfe, der Demokratische Frauenbund, der Kulturbund und die FDJ als gleichberechtigte Teilnehmer in den Block »eingebaut« und damit die führende Rolle der SED verankert werden. Unter diesen erschwerten Bedingungen fand der II. CDU-Parteitag (4.–8. September 1947) statt – der letzte, auf dem die Führung geheim gewählt wurde und der die Grundlinie der selbständigen Politik bestätigte, obwohl sich nun bereits einige »Anpasser« bemerkbar machten.

Der Druck auf die CDU verschärfte sich nach dem II. SED-Parteitag (20.–24. September 1947), der erneut die Einbeziehung der »Massenorganisationen« in den Block verlangte und unter den Losungen »Volksinitiative« und »Volkskontrolle« alle Lebensbereiche zu beherrschen suchte. Mit den bald darauf geschaffenen »Volkskontrollausschüssen« verstärkte sich das Bestreben der SED-Führung, die sowjetische Entwicklung mechanisch auf die SBZ zu übertragen – eine Entwicklung, die mit der damals noch von der SED offiziell verkündeten Zielsetzung der deutschen Einheit in immer größeren Konflikt geriet.

Dramatisch und für die CDU geradezu tragisch wurden die Monate von September bis Dezember 1947. Die SED-Kampagne für den zum 7. Dezember 1947 einberufenen »Deutschen Volkskongreß für Einheit und gerechten Frieden« war von einem ständig wachsenden Druck auf die CDU begleitet, die diesen »Volkskongreß« ablehnte. Die sowjetische Besatzungsmacht und die SED ließen nichts unversucht, um die CDU-Funktionäre durch Versprechungen umzustimmen und die auf ihre Unabhängigkeit bedachte CDU-Mehrheit unter Druck zu setzen. Trotz des Kesseltreibens ließen sich zehn der vierzehn geheim gewählten Vorstandsmitglieder, an ihrer Spitze Jakob Kaiser und Ernst Lemmer, nicht einschüchtern. Lediglich einige Funktionäre wie Otto Nuschke, Reinhold Lobedanz (Schwerin), Leo Herwegen (Sachsen-Anhalt) und der aus dem Nationalkomitee Freies Deutschland stammende CDU-Außenseiter Luitpold Steidle paßten sich den sowjetischen Vorstellungen an.

Am 20. Dezember 1947 war es dann soweit: Die sowjetische Besatzungsmacht verhinderte die Tätigkeit des im September 1947 gewählten Hauptvorstandes der CDU, setzte ihre Bevollmächtigten ein, wechselte das Redaktionskollegium der CDU-Zeitung *Neue Zeit* willkürlich aus und forcierte die Gleichschaltung. Die CDU-Aktivisten zogen die Konsequenz. Im Büro Jakob Kaisers am Rüdesheimer Platz, in Gradls Büro in der Schlüterstraße und schließlich in der Reichsstraße 4 in Berlin-Charlottenburg fand die Exil-CDU ihren neuen Sitz in West-Berlin.

Tausende von CDU-Mitgliedern, die sich des Drucks der SED und der sowjetischen Behörden nicht mehr erwehren konnten, trafen hier ein. Manche hofften, es würde sich nur um einen kurzfristigen provisorischen Aufenthalt handeln. Mitglieder und Funktionäre, die den ursprünglichen Zielen der CDU die Treue hielten, wurden in der SBZ zu Hunderten verhaftet, zu langjährigen Zuchthausstrafen verurteilt. Mit der 1950 in der DDR eingeführten »Liste der demokratischen Einheit« war die CDU endgültig zu einer Blockpartei degradiert.

Entstehung und Existenz der DDR – dies ist aus der Geschichte der CDU in der Sowjetischen Besatzungszone klar zu erkennen – erfolgte nicht aus deutscher Selbstbestimmung, sondern vielmehr aus dem Willen einer fremden Macht und aus dem Antrieb einer von der Mehrheit des Volkes abgelehnten Ideologie. (1981)

Die Ära Ulbricht
1949–1971

Walter Ulbricht verkörperte Triumph und Tragik eines vom Stalinismus geprägten Führers. Der unumschränkte Herrscher der DDR wurde schließlich mit fast den gleichen Methoden abgesetzt, die er gegenüber seinen eigenen Mitkämpfern stets erfolgreich angewandt hatte.

Erste »Wahlen« zur Volkskammer

Am Sonntag, dem 15. Oktober 1950, finden in der sowjetischen Zone Deutschlands die Wahlen zur sogenannten »Volkskammer« statt. Diese Wahlen waren bereits für den Oktober 1949 vorgesehen, wurden jedoch um ein ganzes Jahr verschoben. Man hat geglaubt, daß in einem Jahr eine für die Regierung günstigere Situation geschaffen werden könnte. Im Unterschied zu den letzten Wahlen im Oktober 1946, als drei große Parteien (Sozialistische Einheitspartei Deutschlands, Christlich-Demokratische Union und Liberal-Demokratische Partei) mit eigenen Wahllisten auftraten, wurde bei diesen Wahlen nur eine einzige Liste zugelassen, die Liste der sogenannten »Nationalen Front«.

Die Aufstellung einer Einheitsliste stellt nicht nur eine Verletzung der Verfassung dar (Artikel 51 legt ausdrücklich fest, daß die Wahlen nach dem Proportional-Wahlsystem durchzuführen waren), sondern auch eine Maßnahme, die keineswegs den in der Sowjetzone bestehenden wirtschaftlichen und politischen Bedingungen entspricht.

Die Aufstellung einer solchen Einheitsliste ist etwas Künstliches, von oben aufgezwungen, und es ist daher kein Wunder, daß die überwältigende Mehrheit der Bevölkerung diese ablehnt. Dafür ein Beispiel: Die West-Berliner Behörden haben kürzlich jene Bewohner des Sowjet-Sektors von Berlin aufgerufen, die mit der Einheitsliste nicht einverstanden sind, als Zeichen des Protestes die nicht verbrauchten Ausschnitte ihrer

Lebensmittelkarten an das Stadtparlament von West-Berlin zu senden. Nahezu 400 000 Bewohner des sowjetischen Sektors von Berlin folgten diesem Aufruf!

Unverständnis und Passivität bei den Wählern

Die Mißstimmung gegen die einheitliche Kandidatenliste ist in der Sowjetzone so groß, daß die Sozialistische Einheitspartei gezwungen war, eine Broschüre in einer Auflage von einer Million Exemplaren herauszugeben, die ausschließlich der Rechtfertigung dieser Liste gewidmet ist. Selbst die Parteimitglieder sind offensichtlich von der Notwendigkeit einer Einheitsliste nicht überzeugt, denn – wie das Parteiorgan *Neues Deutschland* meldete – wegen nicht rechtzeitiger Entsendung dieser Broschüre in einigen Orten »werden die Genossen nicht imstande sein, sie den Massen ausreichend zu erklären«.

Die Folge der willkürlichen Aufstellung einer Einheitsliste ist die passive Haltung der Wähler, einschließlich vieler Mitglieder der Sozialistischen Einheitspartei. Nicht einmal 5 Prozent der Parteimitglieder haben dem Aufruf Folge geleistet, in den Agitationsgruppen für die Wahlen tätig zu sein. Viele dieser Agitationsgruppen existieren in Wirklichkeit nur auf dem Papier. Das Zentralorgan *Neues Deutschland* gab dies am 2. September selbst zu: »Einige dieser Agitationsgruppen werden auf dem Papier gegründet, einige Genossen werden seitens der Parteiführung zu Agitatoren ernannt und in die Statistik eingeführt, ohne darüber etwas zu wissen.«

Die Passivität ist jedoch nicht nur auf die Agitatoren beschränkt. So meldete *Neues Deutschland* am 11. September, daß auf der Wahlversammlung im 5. Wahlbezirk in Dresden nur ein einziger Wähler anwesend war! Auch die aufgestellten Kandidaten zeigen nur gezwungen Interesse: Auf einer Wahlversammlung in Leislau, in der Nähe von Jena, wurde der kleinen Anzahl der anwesenden Wähler mitgeteilt, die Kandidaten seien »bereits schlafen gegangen«.

In der sowjetzonalen Presse häufen sich Vorwürfe gegen untere Organisationen. Sie unternähmen nichts zur »Aktivierung« der Wähler. So erklärte Wilhelm Pieck am 26. September 1950, »alle gewerkschaftlichen Organisationen hätten sich noch nicht vollständig in die Wahlagitation eingeschaltet«. Dabei sprach Pieck von der »bewußten Sabotage« bei der Durchführung der Regierungsveränderungen. »Bewußte Sabotage« ist der Ausdruck, der gerade vor den Wahlen in der Presse der Sowjetzone häufig auftaucht.

»Säuberungen«

Einige Wochen vor den Wahlen wurde in der Sozialistischen Einheitspartei eine große »Säuberung« durchgeführt. Opfer dieser »Säuberung« waren eine Reihe höchster Funktionäre, darunter Paul Merker, Mitglied des Politbüros. Die »Säuberung« beschränkte sich jedoch nicht nur auf ein Dutzend höchster Funktionäre, sondern führte vielmehr zum Ausschluß bzw. zur Einleitung des Parteiverfahrens gegen Hunderte von Parteimitgliedern und Funktionären, in erster Linie gegen jene, die die Jahre des Hitler-Faschismus nicht in der UdSSR, sondern in der Schweiz, England oder in Gefängnissen und Konzentrationslagern Hitlers verbracht hatten. Diese »Säuberung« in der SED wurde in höchsten Tönen als »ein neues Kapitel in der Entwicklung der Partei«, als »historische Entscheidung«, »neue Etappe« usw. gepriesen. Gleichzeitig wurden Säuberungen auch in den beiden bürgerlichen Blockparteien durchgeführt (deren Bedeutung heute minimal ist), und – nach neuesten Berichten zu urteilen – stehen ähnliche »Säuberungen« den Massenorganisationen bevor.

Diese »Säuberungen« sind mit einer breiten Kampagne für die sogenannte »Wachsamkeit« verbunden. Die Kampagne hat offensichtlich zum Ziel, Mißtrauen aller gegen alle hervorzurufen, Menschen zu verwirren und ihnen Angst einzujagen, um sie zur Teilnahme an den Wahlen und zur Stimmabgabe für die Einheitsliste zu bewegen.

Diese Kampagne wurde nach der Rede Wilhelm Piecks vom 7. September 1950 verstärkt. Pieck hatte zur »höchsten Wachsamkeit in jedem Unternehmen, in jeder Abteilung und auf jedem Arbeitsplatz« aufgerufen. Die Wachsamkeitskampagne spiegelt sich in Aufrufen der Zeitungen der Sowjetzone wider, die offensichtlich der Abschreckung der Bevölkerung dienen. Dies kommt in den Überschriften der Titelseite des Parteiorgans *Neues Deutschland* deutlich zum Ausdruck: »Höchste Gefahr für Deutschland«, »Entlarvte Schädlinge«, »Kampf gegen alle Feinde unserer Gesellschaftsordnung«, »Sabotageplan entdeckt – Attentat auf Fünfjahresplan«, »Höchste Wachsamkeit gegen Saboteure«, »Brand in Aschersleben« oder »Justiz muß ihren Kampf gegen die Feinde unserer Gesellschaftsordnung verstärken«.

Dabei wurde nicht vor bombastischen Übertreibungen zurückgeschreckt. So lautete eine Überschrift auf der Titelseite des SED-Zentralorgans vom 14. September 1950: »USA will Westdeutschland in eine Wasserwüste verwandeln«. Ständig liest man von »Agenten mit Rückendeckung« und »Geheimen Plänen«, und am 10. September brachte *Neues Deutschland* einen Artikel unter dem großen Titel »Wachsamkeit auch bei der Verbreitung der Literatur«.

All dies hat den Zweck, bei der Bevölkerung jene Unruhe und Angst hervorzurufen, die für die führenden bürokratischen Stellen der Sowjetzone und deren sowjetische Auftraggeber notwendig sind, um ein günstiges Wahlergebnis zu erzielen.

Gegenwärtig werden auch andere Maßnahmen unternommen, um die Bevölkerung zu »gewinnen«. Einige Wochen vor den Wahlen wurden Gesetze verkündet, die man an sich begrüßen könnte, würden sie nicht offen der Wähler-Korrumpierung dienen. So wurden Gesetze über Kredithilfe für Kleinbauern und die Auszahlung der Beträge an die Arbeitsunfähigen verabschiedet. Gleichzeitig mit der Verabschiedung dieser Gesetze — sogar in der »Volkskammer« — wurde wiederholt unterstrichen, daß jene, die jetzt diese Begünstigungen erhalten, die Pflicht hätten, ihre Dankbarkeit am 15. Oktober durch die Stimmabgabe für die »Nationale Front« unter Beweis zu stellen.

Willkür bei der Kandidatur

Die Wahlen in Ost-Deutschland sind nicht nur durch offene Abschreckung bzw. Korrumpierung der Bevölkerung charakterisiert, sondern auch durch die undemokratische Art der Kandidatenaufstellung. Die Kandidaten werden nicht auf den Wählerversammlungen aufgestellt, sondern durch Fraktionsabmachungen der Parteiführungen nach einem bestimmten Schlüssel ernannt. Daher haben Wahlversammlungen bestenfalls nur die vorgeschlagenen Kandidaten zu bestätigen.

Wie dies erfolgt, zeigt eine im *Neuen Deutschland* vom 26. September beschriebene Szene: Auf einer Wahlversammlung in Blumberg bei Angermind wurden den Anwesenden die Kandidaten der »Nationalen Front« vorgestellt. Unmittelbar danach wurde erklärt, die Kandidaten seien bereits vom Bezirksausschuß in Angermind bestätigt. Derjenige, der mit diesem oder jenem Kandidaten nicht einverstanden sein sollte, müsse schriftlich seinen Widerspruch mit Beweismaterial bei der Bezirksverwaltung der »Nationalen Front« in Angermind abgeben!

Es ist klar, daß in einer solchen Situation es keiner gewagt hat zu widersprechen. Die anwesenden Bauern und Landarbeiter trauten sich nicht einmal, den (bereits bestätigten) Kandidaten irgendwelche Fragen zu stellen.

Das Zentralorgan *Neues Deutschland* gab am 28. September 1950 in einem Artikel einen überzeugenden Hinweis, unter welchen Umständen die Wahlen in der Sowjetzone durchgeführt werden. *Neues Deutschland* beschwerte sich darüber, daß in Thüringen noch häufig die Losung »Friede, Freiheit, Fortschritt« zu sehen sei. Diese Losung zeige, daß Schumachers Ideologie noch nicht überwunden sei. Die SED-Bezirksleitungen wurden aufgerufen, diese Losung zu entfernen und sie durch die »richtige« Losung »Friede, Einheit, Aufbau« zu ersetzen. Mit diesem Artikel wurden sowohl die SED als auch die Machthaber der Sowjetzone entlarvt, denn ein System, das die Begriffe »Freiheit« und »Fortschritt« verbietet, gibt zu, weder frei noch fortschrittlich zu sein.

Bei den Wahlen im Oktober 1946 stand Ost-Deutschland im Zeichen großer Reformen – die Verstaatlichung der Schlüsselindustrien, die Bodenreform und die Schulreform –, die von antifaschistisch-demokratischen Kräften begrüßt und unterstützt wurden. Die SED führte damals ihre Wahlkampagne im Zeichen des Kampfes für eine unabhängige demokratische und sozialistische Entwicklung. Die folgenden vier Jahre brachten statt dessen die völlige Unterwerfung Ost-Deutschlands unter die Sowjetführung, die Beseitigung demokratischer Rechte der Werktätigen, die Abschaffung der Betriebsräte, die Errichtung eines bürokratisch-zentralistischen Apparats und die Stalinisierung des gesamten öffentlichen Lebens. Dies zeigt, wie weit sich die ostdeutsche Staatsführung von den ursprünglich verkündeten Prinzipien der unabhängigen demokratischen und sozialistischen Entwicklung entfernt hat. (1950)

Menschenraub mit Stasi-Hilfe: Die Entführung Robert Bialeks

Robert Bialek hatte kaum zweieinhalb Jahre im Westen gelebt. Zweieinhalb Jahre lang war er unermüdlich bestrebt, die Menschen über das Wesen und die Ziele des SED-Regimes aufzuklären und den Stalinismus politisch zu bekämpfen.

Robert Bialek kannte das System, seine Struktur, seine Ideologie. In Breslau als Sohn einer sozialdemokratischen Arbeiterfamilie geboren, war er 1932 der Sozialistischen Arbeiterjugend beigetreten. Während der Nazizeit gehörte er antifaschistischen illegalen Jugendgruppen in Breslau an und war zeitweise in Gestapohaft. Das Kriegsende im Mai 1945 erlebte er in der Hoffnung, daß nach dem Einmarsch der Roten Armee ein neues Leben, eine bessere Zukunft beginnen würde. Enttäuschungen sollten bald folgen. Aber Robert Bialek versuchte sich zunächst noch mit dem Hinweis zu trösten, daß es sich um Fehler untergeordneter Dienststellen, um vorübergehende örtliche Mißstände handele.

Im Oktober 1945 erhielt er von Wilhelm Pieck die Aufgabe, die Gründung der FDJ in Sachsen vorzubereiten. Als im Frühjahr 1946 auf dem »Brandenburger-Parlament« die FDJ gegrundet wurde, bestätigte der Kongreß Bialek als 1. Vorsitzenden der FDJ Sachsens. Gleichzeitig gehörte er auch der Landesleitung der SED an und war Abgeordneter des sächsischen Landtags. Anderthalb Jahre später – im Herbst 1947 – kam er auf die SED-Parteihochschule »Karl Marx« in Klein-Machnow bei Berlin. Robert Bialek war Kursant eines Lehrgangs für höhere Funktionäre, ich war damals Dozent der Geschichtsfakultät. Er kam zu mir, wie er sagte, um sich einmal auszusprechen. Wir sprachen uns aus. Beide waren wir damals noch treue Funktionäre der Partei. Beide aber hatten wir politische Bauchschmerzen, Bedenken und Zweifel, ob das, was die SED-Führung sagte und tat, mit unseren Zielen, mit den Zielen des Sozialismus, in Einklang zu bringen sei.

Nach der Absolvierung des Lehrgangs wurde Robert Bialek Generalinspekteur und höchster Politoffizier der Volkspolizei. Seine Offenheit, die Klarheit seiner Gedanken, seine Kompromißlosigkeit gegenüber Intrigen und seine Weigerung, Ungerechtigkeiten zu decken, führten zu einem jähen Ende seiner Karriere. Bereits wenige Wochen später – im Dezember 1948 – wurde er aus dieser zentralen Funktion entfernt und zum Parteisekretär der SED im Bezirk Großenhain degradiert. Hier wurden seine Zweifel größer, seine Differenzen mit der Partei schärfer. Immer deutlicher erkannte er den Widerspruch zwischen der erlernten Theorie und der Praxis des SED-Staates. Bald darauf wurde er noch einmal degradiert: zum Kulturdirektor der Lokomotiven- und Waggonfabrik Bautzen.

Der Volksaufstand am 17. Juni 1953 brachte für ihn die letzte Entscheidung. Er brach mit dem System und der Partei in der Erkenntnis, daß diese nicht für jene Ziele eintrat, für die er in der Illegalität gekämpft, für die er nach 1945 so aktiv eingetreten war. Am 27. August 1953 meldete er sich bei den Flüchtlingsbehörden in West-Berlin.

Aber er hatte nicht mit dem System gebrochen, um in Passivität zu verharren. Schon wenige Wochen später ertönte seine Stimme aus dem Äther. Jede Woche gab er im Rahmen des Sowjetzonenprogramms des Londoner Rundfunks Kommentare und Interviews. Er sprach nicht haßerfüllt, und er gebrauchte keine Propagandaphrasen. Er berichtete Tatsachen, nichts als Tatsachen: über die Verfälschung der Wahlen, über die Rechtlosigkeit der Arbeiter, über die Abschaffung der Betriebsräte, über die Fassade der Volkskammer, über den Widerspruch zwischen den ursprünglichen Thesen von Marx und Engels und dem System jener Herrscher, die vorgeben, in deren Namen zu handeln. Seine Argumente waren so schlagkräftig, daß Professor Eugen Varga, einer der bekanntesten Theoretiker der UdSSR, sich genötigt sah, in einer Rundfunksendung aus Moskau darauf zu antworten. Kurz darauf sprach Robert Bialek wieder. In höflicher Form nahm er zu den Argumenten Vargas Stellung, widerlegte sie und bat Professor Varga, die Rundfunkdiskussion fortzusetzen. Aber die Antwort blieb aus.

Im Februar 1956 kam eine Antwort – aber nicht die Antwort eines Diskussionsredners, sondern die Antwort eines Systems, das sich einer gewaltsamen Entführung bedient, um Menschen zum Schweigen zu bringen, die ihm unangenehme Fragen stellen. Während eines Besuches bei dem 54jährigen Paul Drzewiecki im Beisein des 42jährigen Herbert Hellwig und einer etwa 30jährigen Stasi-Agentin wurde Robert Bialek in West-Berlin bewußtlos gemacht, aus dem Haus getragen und am 4. Februar 1956 in einem Wagen nach Ost-Berlin verschleppt.

Der Menschenraub Robert Bialeks geschah zu einer Zeit, da in der UdSSR Leute vom Schlage eines Berija und Abakumow als Schuldige für ähnliche Ereignisse aus den Jahren 1948 bis 1952 verurteilt wurden, zu einer Zeit, da höchste sowjetische Stellen sich für eine Entspannung und Koexistenz aussprachen. Wie hätte ihren Worten Glauben geschenkt werden sollen, solange diese Praktiken beibehalten wurden, solange Menschen, die sich ernsthaft mit einer Ideologie und einem System auseinandersetzten, in ständiger Gefahr lebten, von den Schergen dieses Systems verschleppt zu werden. (1956)

Der XX. Parteitag der KPdSU und die SED

Offener Brief an oppositionelle SED-Mitglieder

Der XX. Parteitag der KPdSU im Februar 1956 hat sehr viel Neues gebracht – so viel Neues, daß die Führung der SED diesmal in nicht geringe Schwierigkeiten geraten ist. Es besteht die große Gefahr, daß die gegenwärtige SED-Führung, vor allem Walter Ulbricht, versucht und auch in Zukunft versuchen wird, die neuen Fragen, die der XX. Parteitag in Moskau aufgeworfen hat, zu umgehen und sich in der üblichen Weise auf allgemeine Redensarten über die große Bedeutung des Parteitages, über das »sowjetische Vorbild«, über den 6. Fünfjahrplan zu beschränken.

Die Ulbrichtsche SED-Führung, die zur Zeit Stalins gar nicht schnell genug alle Dinge aus der Sowjetunion übernehmen konnte – selbst dann, wenn sie überhaupt nicht zu den deutschen Verhältnissen paßten –, scheint diesmal nur sehr zögernd daranzugehen, die neuen Dinge, die der XX. Parteitag in Moskau gebracht hat, zu popularisieren und daraus die Schlußfolgerungen für die SED zu ziehen.

Wir dürfen es jedoch nicht zulassen, daß die vielen neuen wichtigen Dinge des XX. Parteitages in einer Flut von allgemeinen Redensarten über das »sowjetische Vorbild«, den 6. Fünfjahrplan, die Erfolge der Sowjetunion und ähnliche Dinge untergehen. Daher scheint es uns dringend notwendig, daß wir die wirklich neuen Dinge unterstreichen, um daraus jene notwendigen Schlußfolgerungen für unsere Partei zu ziehen, die von der Ulbricht-Führung zum größten Teil überhaupt nicht oder nur zögernd und widerstrebend respektiert werden. – Was war das wirklich Neue und Entscheidende dieses XX. Parteitages?

I.

Der XX. Parteitag hat in aller Öffentlichkeit eine klare und entscheidende Kritik an der Stalinschen Alleinherrschaft und am Personenkult geübt

Der Vorsitzende des Ministerrats der UdSSR, Nikolai Bulganin, erklärte auf dem Parteitag: »Der Personenkult, der dem Geist des Marxismus-Leninismus widerspricht und ihm fremd ist, wurde vom Zentralkomitee der Partei entschieden verurteilt.« Auch (der »Chefideologe«) Michail Suslow sprach von der »Mißachtung des Prinzips der kollektiven Führung in einer zurückliegenden Periode« und fügte hinzu: »Die Anhänger des Persönlichkeitskults schrieben die Entwicklung der marxistischen Theorie ausschließlich einzelnen Persönlichkeiten zu und verließen sich völlig auf diese. Allen übrigen Sterblichen bleibt nach ihrer Ansicht nur übrig, das, was die einzelnen Persönlichkeiten schaffen, zu übernehmen und zu popularisieren.«

Mikojan erklärte unumwunden, daß »ungefähr 20 Jahre lang bei uns praktisch keine kollektive Leitung bestand, weil der Persönlichkeitskult blühte, der schon von Marx und später von Lenin verurteilt wurde; das mußte sich natürlich negativ auf die Lage der Partei auswirken«.

20 Jahre lang – also seit Anfang 1936! – herrschte in der Sowjetunion keine kollektive Führung. 20 Jahre lang blühten der Persönlichkeitskult und die Alleinherrschaft Stalins!

Auf dem XX. Parteitag ist dies endlich offen zugegeben worden. Und was geschieht in der SED? Hat nicht gerade die SED-Führung diesen widerlichen Stalin-Kult, den Personenkult, die unterwürfige Verherrlichung Stalins am weitesten getrieben? – Nur einige Beispiele:

Im Dezember 1949 veröffentlichte Walter Ulbricht einen lobhudelnden Artikel »Stalin – Theoretiker des Sozialismus«. Am 21. Dezember 1949 berichtete die damalige *Tägliche Rundschau* über eine Rede Walter Ulbrichts im Moskauer Großen Theater anläßlich des 70. Geburtstages Stalins, eine Rede, die Ulbricht mit den Worten beendete:

»Ruhm und Ehre Ihnen, für Ihre große, schöpferische, wissenschaftliche Leistung der Weiterentwicklung der Lehre von Marx und Lenin! Ruhm und Ehre Ihnen, dem genialen Steuermann, unter dessen Führung die Sowjetunion zum mächtigsten Staat der Welt wurde und das Sowjetvolk den Übergang zum Kommunismus durchführt! Ruhm und Ehre Ihnen, dem geliebten Freund und Führer der Völker im Kampf um einen dauerhaften Frieden!«

Am gleichen Tag erschien eine Sonderausgabe des *Neuen Deutschland,* in der Ulbricht anläßlich des 70. Geburtstages von Stalin diesen als »höchste Verkörperung des Parteiführers neuen Typus'«, als »großen Theoretiker des Sozialismus« und als »Vorbild des Partei- und Staatsfunktionärs neuen Typus'« pries.

Unter der Führung Ulbrichts ist die SED, vor allem seit 1948, dazu übergegangen, die ganze Partei mit der widerlichen Führerverherrlichung zu durchdringen, und ließ keine Gelegenheit ungenutzt verstreichen, um durch huldvolle sklavisch-unterwürfige Begrüßungstelegramme an Stalin den jetzt verurteilten Personenkult zu fördern.

Am 21. Dezember 1950 veröffentlichte *Neues Deutschland* den Glückwunsch des ZK der SED zum 71. Geburtstag Stalins, in dem dieser als »der Führer und Lehrer«, der »ausgezeichnete Wissenschaftler« und schließlich – diese Formulierung sollte man jetzt genau beachten! – als »der Lenin unserer Tage« bezeichnet wurde.

Ein Jahr später, am 21. Dezember 1951, war die SED-Führung in ihrer Unterwürfigkeit noch weitergegangen. Sie schloß ihr Telegramm mit der sklavischen Formulierung, er möge erlauben, »daß wir unseren Dank und unsere tiefe Verehrung für Sie zum Ausdruck bringen«.

Das Jahr 1952 schlug in der unterwürfigen Stalin-Verehrung alle Rekorde. Am 3. April 1952 sandte das ZK der SED einen besonderen Glückwunsch anläßlich der 30. Wiederkehr des Tages, da Stalin zum Generalsekretär der KPdSU gewählt wurde, einen Glückwunsch, der folgende krassesten Formulierungen des Personenkults enthielt:

»Ihnen verdankt die Menschheit den Sieg des Sozialismus auf einem Sechstel der Erde ... Unter Ihrer weisen Führung wird die werktätige Menschheit zu ihrem endgültigen Sieg vorwärtsschreiten.«

Auch die 2. Parteikonferenz konnte ohne Stalin-Telegramm nicht auskommen. Am 2. Juli 1952 sandte das Präsidium der Konferenz ein Grußtelegramm, das mit den Worten schloß: »Gruß und Dank unserem weisen Führer und Lehrer, dem besten Freund des deutschen Volkes, dem großen Stalin!«

Am 4. Oktober 1952 sandte das ZK der SED wieder ein Grußtelegramm, diesmal an den 19. Parteitag: »Es lebe der große Stalin!« Kaum drei Wochen später, am 7. November 1952, war ein neues Stalin-Telegramm fällig, diesmal zum 35. Jahrestag der Oktoberrevolution, in dem »der große Stalin«, der »weise Führer und Lehrer aller Werktätigen« gepriesen wurde. Kurz darauf folgte wieder ein neues Telegramm; denn inzwischen war der 73. Geburtstag Stalins gekommen, und das ZK der SED bat Stalin untertänigst, zu gestatten: »daß wir mit unseren Glückwünschen zugleich unseren herzlichen Dank und unsere tiefe Verehrung zum Ausdruck bringen«.

Diese Hinweise — sie könnten noch durch seitenlange Äußerungen ergänzt werden — mögen genügen. Kommen wir zu den Schlußfolgerungen: Der XX. Parteitag hat — übrigens mit vollem Recht — die Alleinherrschaft Stalins und den widerlichen Personenkult scharf kritisiert. Die Leitung der SED, unter Führung Walter Ulbrichts, hat jahrelang diesen widerlichen Personenkult und die Führerverherrlichung gefördert und damit, wie Mikojan treffend bemerkt, Handlungen begangen, die »sich natürlich negativ auf die Lage der Partei und ihre Tätigkeit auswirken mußten«.

Es ist daher jetzt mit aller Schärfe zu verlangen, daß die Führung der SED sich offen und klar von der Stalin-Verherrlichung lossagt und selbstkritisch — wie dies sonst von jedem einzelnen Mitglied der Partei verlangt wird — zu den parteifeindlichen Stalin-Begrüßungen Stellung nimmt.

Wir müssen darüber hinaus verlangen, daß auch mit dem Personenkult um Pieck, Grotewohl und vor allem um Ulbricht endlich Schluß gemacht wird. Die untertänigen Gruß- und Glückwunschtelegramme und -schreiben müssen aufhören, die Führerporträts abgehängt werden, die Jubiläumsfeiern und Jubiläumsausgaben für die SED-Führer — die an Geburtstagsfeiern der Hohenzollern erinnern — endgültig der Vergangenheit angehören.

Die Organisatoren und Inspiratoren dieser Führerverherrlichung — es dürfte bekannt sein, daß diese meist von Walter Ulbricht selbst in Szene gesetzt worden ist — müssen angesichts der auf dem XX. Parteikongreß erfolgten Verurteilung des Personenkults wegen parteischädigenden Verhaltens zur Verantwortung gezogen werden.

II.

Der XX. Parteitag der KPdSU hat in aller Öffentlichkeit Kritik an der letzten Schrift Stalins »Ökonomische Probleme des Sozialismus in der UdSSR« geübt

Der stellvertretende Ministerpräsident der UdSSR, Anastas Mikojan, erklärte, die in dieser Schrift enthaltene These Stalins, »der Umfang der Produktion in den westlichen Ländern würde zurückgehen«, sei falsch. Bei der Analyse der Wirtschaft des modernen Kapitalismus würde die Stalin-Erklärung »wohl kaum helfen und dürfte wohl kaum richtig sein«. Auch noch »einige andere Leitsätze« in diesem Buch müßten, so sagte Mikojan wörtlich, vom Standpunkt des Marxismus-Leninismus aus kritisch revidiert werden.

Zu jener Zeit, als die jetzt kritisierte Schrift Stalins erschien – die mit einer echten marxistischen Analyse der ökonomischen Entwicklung der Gegenwart wenig zu tun hat –, gab es in der SED nicht wenig geschulte Genossen, die dies bereits damals erkannten. Sie hatten aber nicht die Möglichkeit, auch nur das leiseste Wort einer Kritik zu äußern, weil damals auf Anweisung Ulbrichts eine unterwürfige Beweihräucherung dieser primitiven Schrift in Szene gesetzt wurde.

Stalins Schrift war erst kaum zwei Wochen erschienen, als das ZK der SED am 21. Oktober 1952 die Direktive herausgab: »Das Werk des Genossen Stalin ›Ökonomische Probleme des Sozialismus in der UdSSR‹ ist in theoretischen Konferenzen durchzuarbeiten.« Drei Wochen später, am 7. November 1952, bezeichnete das ZK der SED die jetzt kritisierte Schrift Stalins als »geniale Arbeit«, die angeblich »eine wertvolle Hilfe und Unterstützung für uns« sei und »unserer Partei neue wirksame Waffen zum Kampf gebe«. Danach erschien eine Sondernummer der *Einheit,* in der Paul Wandel einen unterwürfigen Lobesartikel über die Stalin-Schrift veröffentlichte.

In einem Glückwunsch des ZK der SED vom 21. Dezember 1952 wurde die Stalin-Schrift bereits als »großes wissenschaftliches Werk« bezeichnet, das »ein unentbehrliches Rüstzeug für jeden Parteiarbeiter, Werktätigen und Wissenschaftler beim Aufbau des Sozialismus der Deutschen Demokratischen Republik darstelle und eine große Hilfe für uns« sei. Am 2. Februar 1953 erschien schließlich eine »Anweisung des Sekretariats des ZK an die Parteileitungen, dafür zu sorgen, daß die Gewerkschaftsleitungen »die Lehren aus Stalins Schrift ›Ökonomische Probleme des Sozialismus in der UdSSR‹ für den sozialistischen Aufbau in der DDR anwenden«.

Auch die FDJ wurde von dieser Schrift nicht verschont. Am 3. März 1953 faßte das Politbüro den Beschluß »über die Verbesserung der Arbeit in der FDJ«, in dem es heißt: »Dabei kommt es besonders darauf an, mit den Funktionären, Propagandisten und Agitatoren der FDJ das Werk des Genossen Stalin ›Ökonomische Probleme des Sozialismus in der UdSSR‹ in verständlicher Weise durchzuarbeiten.«

Sechs Wochen später, am 13. April 1953, erließ das Sekretariat des ZK der SED den berüchtigten Beschluß (an den sich Walter Ulbricht wohl jetzt besonders ungern erinnert): »Gegen das Versöhnlertum in ideologischen Fragen«. Das ZK-Sekretariat rügte, daß in einigen Parteiorganisationen das Studium des »grundlegenden Werkes des Genossen Stalin ›Ökonomische Probleme des Sozialismus in der UdSSR‹« nur mangelhaft »durchgeführt wurde«. Die Leitung der Hochschule für Planökonomie wurde wegen »mangelhaften Studiums« der Arbeit des Genossen Stalin scharf angegriffen; Bruno Warnke wurde deswegen von der Hochschule abberufen und Eva Altmann erhielt wegen »politischer Sorglosigkeit« eine Rüge.

Wir können somit eindeutig feststellen:

Die SED unter Führung Walter Ulbrichts hat im Verlaufe von mehreren Jahren eine Schrift, von der auf dem Parteitag gesagt wird, daß manche darin enthaltenen Thesen der Partei »wohl kaum helfen« und »kaum richtig sein« dürften, als »geniale Arbeit« und »großes wissenschaftliches Werk« blindlings empfohlen, nur weil sie von Moskau und von Stalin kam.

Die SED-Führung hat darüber hinaus in sechs offiziellen Erklärungen diese Schrift unterwürfig gepriesen und die Mitglieder der Partei und der Massenorganisationen zum Studium dieser fehlerhaften Schrift verpflichtet.

In der SED werden Mitglieder und kleine Funktionäre, allein wenn sie schon an der Fassung eines einzigen unrichtigen Beschlusses beteiligt sind, sofort mit einer Rüge oder sogar einem Ausschluß bestraft. Was aber geschieht mit Ulbricht und den stalinhörigen Elementen in der Parteiführung?

Wir fordern ein Parteiverfahren gegen die Verantwortlichen, die in sechs Beschlüssen und offiziellen Erklärungen der Partei eine fehlerhafte Schrift Stalins in höchsten Tönen priesen und die Partei und Massenorganisationen zu ihrem Studium verpflichteten!

III.

Der XX. Parteitag hat die bisherige parteiamtliche »Geschichte der KPdSU« einer Kritik unterzogen

Der Sekretär des ZK der KPdSU, N. S. Chruschtschow, erklärte, daß statt des bisherigen »Kurzen Lehrgangs der Geschichte der KPdSU« ein »populäres, auf den historischen Tatsachen beruhendes, marxistisches Lehrbuch der Parteigeschichte geschaffen werden muß«, ein Satz, aus dem wir eindeutig entnehmen können, daß der Sekretär des ZK der KPdSU – übrigens mit vollem Recht – die bisherige amtliche Parteigeschichte als ein Buch betrachtet, das nicht auf dem Boden der historischen Tatsachen beruht. Auch Mikojan griff in seiner Rede den »Kurzen Lehrgang« an: »Würden unsere Historiker in den Archiven, in den historischen Dokumenten und nicht nur in den Zeitungsjahrgängen ordentlich wühlen, dann könnten sie viele Tatsachen und Ereignisse, die im ›Kurzen Lehrgang‹ dargestellt sind, besser, d. h. vom Standpunkt des Leninismus aus, beleuchten.«

Die jetzige Kritik an der »Geschichte der KPdSU« ist alles andere als eine innere sowjetische Angelegenheit. Walter Ulbricht und die anderen stalinhörigen Funktionäre in der Parteiführung sind immer wieder als Einpeitscher des »Kurzen Lehrgangs« aufgetreten, eines Buches, von dem jetzt in aller Öffentlichkeit erklärt wird, daß sein Inhalt nicht den historischen Tatsachen entspricht. Im September 1948 erschien der Beschluß des ZK der SED »Über die Verstärkung des Studiums der KPdSU«. In den Kreisschulen sollte der »Kurze Lehrgang« in größtmöglichem Maße herangezogen werden. »Auf der Parteihochschule Karl Marx ist der ›Kurze Lehrgang‹ zur Grundlage der Lehrpläne zu machen«, hieß es im Beschluß. Allen Funktionären wurde zur Pflicht gemacht, den »Kurzen Lehrgang« zu studieren. Die Parteipresse wurde angewiesen, eine Kampagne zur Förderung dieses Studiums einzuleiten, besondere Konsultationsbüros sollten eingerichtet werden, und in den damals erscheinenden »Bildungsheften« sollten laufend einzelne Kapitel behandelt werden.

Besonders Walter Ulbricht trat immer wieder als Einpeitscher des »Kurzen Lehrgangs« auf. In seiner Rede auf der 13. Tagung des Parteivorstandes der SED forderte er, »die Lehren der Geschichte der KPdSU« unseren Parteimitgliedern zugänglich zu machen, und zum 10. Jahrestag des Erscheinens des »Kurzen Lehrgangs« nannte Walter Ulbricht (*Neues Deutschland* vom 1. Oktober 1948) das jetzt kritisierte Buch eine »Enzyklopädie für die deutschen Arbeiter«, ein »Werk, das die wissenschaftliche Lehre des Marxismus-Leninismus in ihrer Anwendung« vermittele und eine »Enzyklopädie des Grundwissens des Marxismus-Leninismus«.

Auf der Organisationskonferenz der SED (7./8. Juni 1949) rühmte sich Walter Ulbricht, es seien »ernste Maßnahmen ergriffen, um ein gründliches Studium der Geschichte der Kommunistischen Partei der Sowjetunion (Bolschewiki) zu erreichen«, und forderte, »nicht nur das Studium der Geschichte der KPdSU in Kursen systematisch durchzuführen, sondern dieses Lehrbuch des Marxismus-Leninismus auch zur Grundlage der gesamten Schulung zu machen«.
Darüber hinaus ist der »Kurze Lehrgang« in allen sechs Parteilehrjahren auf Anweisung Ulbrichts zur Grundlage der Schulung gemacht worden, und damit wurden die Mitglieder unserer Partei vom selbständigen Studium ernster marxistischer Schriften abgehalten. Noch im Februar 1956 wurde in den ZK-Organen »Neuer Weg« und »Einheit« der »Kurze Lehrgang« als vorbildlich gefeiert.
Es ist daher von Walter Ulbricht und den anderen Einpeitschern des »Kurzen Lehrgangs« öffentlich Rechenschaft zu fordern über die fehlerhafte Schulungspolitik der letzten sechs Jahre und die Propagierung eines Lehrbuchs, das, wie jetzt öffentlich zugegeben wird, nicht auf historischen Tatsachen beruht. Wir erwarten, daß Walter Ulbricht selbstkritisch eingesteht, diese entscheidenden Fehler aus kriecherischer Unterwürfigkeit gegenüber Stalin begangen zu haben.

IV.

Der XX. Parteitag hat eine Reihe von ehemaligen Funktionären, die während der Stalinschen Säuberung verhaftet worden waren, nachträglich rehabilitiert

Bereits in der Zeit zwischen Stalins Tod und dem XX. Parteitag sind in der UdSSR eine Reihe ehemaliger Opfer Stalins rehabilitiert worden, darunter G. I. Petrowsky, der in den zwanziger Jahren eine führende Stelle in der Ukraine innehatte, und

Mamia Orakelaschwili, der ehemalige Sekretär der KP Transkaukasiens, der im Jahre 1937 verhaftet wurde und seitdem als Volksfeind galt. Auf dem Parteitag selbst hat Mikojan in seiner Rede öffentlich das ehemalige Politbüromitglied Kossior, der 1918 Mitglied des ZK, in den zwanziger Jahren Sekretär der Partei der Ukraine und anschließend Sibiriens, von 1930 bis 1938 Mitglied des Politbüros war, seitdem aber als Volksfeind galt, wieder lobend erwähnt.

Noch bedeutsamer war vielleicht die Rehabilitierung von Antonow Owsejenko in der Rede Mikojans. Antonow Owsejenko, seit 1902 Parteimitglied, bereits während der Revolution 1905 in führender Parteifunktion, war während der Oktoberrevolution Sekretär des Militär-Revolutionären Komitees (dessen Vorsitzender Trotzki war), also jenes Organs, in dessen Händen die Führung des Aufstandes lag. Im Verlaufe des Bürgerkrieges leitete er die Operationen in der Ukraine und war von 1922 bis 1924 Leiter der politischen Hauptverwaltung der Roten Armee. 1925 wurde er von Stalin zum Botschafter in Prag degradiert, 1937 als Konsul nach Barcelona entsandt. Nach seiner Rückkehr in die Sowjetunion verschwand er und wurde bis zu diesem Parteitag niemals wieder erwähnt.

Man darf also sicher annehmen, daß in Zukunft auch noch eine Reihe weiterer alter Bolschewiki und ehemals führender Funktionäre, Opfer der Stalinschen Säuberung, von der jetzigen sowjetischen Regierung rehabilitiert werden.

Diese Entwicklung stellt die Führung der SED vor die gebieterische Notwendigkeit, eine sofortige Überprüfung aller in den Jahren 1945 bis 1956 ausgeschlossenen und verhafteten Funktionäre und Mitglieder der SED vorzunehmen und alle unschuldig ausgeschlossenen und verhafteten Genossen zu rehabilitieren.

So ist z. B. öffentlich Rechenschaft zu fordern über das Schicksal von Lex Ende, des ehemaligen Chefredakteurs des

Neuen Deutschland, Max Fechner, des ehemaligen Justizministers der DDR, von Paul Merker, Franz Dahlem und Anton Ackermann, und den vielen anderen Funktionären der SED, die in den letzten Jahren Parteistrafen erhielten, ausgeschlossen oder sogar verhaftet wurden. Darüber hinaus stellen die neuen Rehabilitierungen in der UdSSR gebieterisch die Forderung, öffentlich Rechenschaft abzulegen über das Verbleiben der in die Sowjetunion emigrierten KPD-Funktionäre, die während der großen Säuberung 1936 bis 1939 verhaftet worden und seitdem verschollen sind.

Von den Opfern der Stalinschen Säuberung nennen wir:
August Kreuzberg, Mitglied des ZK der KPD
Hermann Schubert, Mitglied des ZK der KPD
Hugo Eberlein, Mitbegründer der KPD
Max Hölz, Führer des mitteldeutschen Aufstandes
Werner Hirsch, Chefredakteur der »Roten Fahne«
Hermann Remmele, Mitglied des ZK der KPD
Willi Koska, Generalsekretär der Roten Hilfe
Willi Leo, Mitglied des ZK der KPD, Führer des Roten Frontkämpferbundes
Kurt Sauerland, Redakteur der Zeitschrift »Roter Aufbau«
Kurt Süßkind, Redakteur der »Roten Fahne«
Dr. Karl Schmückle, marxistischer Literaturkritiker
Alexander Kippenberger, Mitglied des ZK der KPD
Heinz Neumann, Mitglied des ZK der KPD

V.

Der XX. Parteitag hat eine scharfe Kritik an der bisherigen Geschichtsbetrachtung geübt

Die sowjetische Historikerin Pankratowa erklärte: »Viele Schriften Lenins sind noch nicht veröffentlicht ... In unserer parteigeschichtlichen Literatur wird die Tätigkeit der Mitkämpfer Lenins, der alten Bolschewiki, nur sehr am Rande behandelt. Die Erinnerung an die alten Bolschewiki könnte einige konkrete und wichtige Einzelheiten hierzu bringen und unsere trockene parteigeschichtliche Literatur mit dem Fluidum jener Epoche und einem geistig lebendigen Klima erfüllen. Gewisse Historiker frisieren die geschichtlichen Ereignisse, simplifizieren sie, behandeln sie einseitig und infolgedessen unrichtig.«

Auch Anastas Mikojan griff die stalinistische Geschichtsschreibung an: »Einige komplizierte und widerspruchsvolle Ereignisse des Bürgerkrieges 1918/20 erklären manche Historiker nicht durch Veränderungen im Verhältnis der Klassenkräfte in den einzelnen Zeitabschnitten, sondern durch angebliche Schädlingstätigkeit einzelner der damaligen Parteiführer, die viele Jahre nach den beschriebenen Ereignissen zu Unrecht zu Volksfeinden abgestempelt wurden.«

Diese berechtigte und scharfe Kritik gilt keineswegs nur für die UdSSR. Auch die SED-Führung hat sich stets unterwürfig an die Stalin-Verfälschungen der Geschichte gehalten und nur jene Schriften Lenins herausgebracht, die die Stalin-Führung in Moskau zur Veröffentlichung genehmigte.

So hat zum Beispiel die SED-Führung den Mitgliedern und Funktionären der Partei auch die Erklärung Lenins vom 25. Dezember 1922 über die Nachfolgeschaft in der Parteiführung (bekannt als »Testament«) vorenthalten. In dieser schriftlichen Erklärung Lenins wird über Stalin wörtlich gesagt:

»Genosse Stalin hat, nachdem er Generalsekretär geworden ist, ungeheure Macht in seinen Händen vereinigt, und ich bin durchaus nicht sicher, ob er es immer versteht, von dieser Macht mit genügender Behutsamkeit Gebrauch zu machen.«

Über Trotzki schrieb Lenin in der gleichen Erklärung: »Er ist sicherlich der fähigste Kopf im gegenwärtigen Zentralkomitee«, und über den 1938 erschossenen Bucharin heißt es:

»Bucharin ist nicht nur der wertvollste und stärkste Theoretiker der Partei, sondern auch als Liebling der ganzen Partei zu betrachten.«

Am 4. Januar 1923 machte Lenin folgenden Nachsatz zu dieser Erklärung: »Stalin ist zu rücksichtslos, und wenn dieser Fehler auch den Beziehungen unter uns Kommunisten erträglich ist, so wird er ganz unerträglich im Geschäftszimmer des Generalsekretariats. Darum schlage ich den Genossen vor, einen Weg zu finden, Stalin von dieser Stellung zu entfernen und sie einem anderen Genossen zu geben, der sich aber in jeder Beziehung nur dadurch von Stalin unterscheiden darf, daß er besser ist als er – nämlich geduldiger, loyaler, höflicher, aufmerksamer, den Genossen gegenüber nicht so launisch.«

Diese interessanten und bedeutsamen Bemerkungen Lenins sowie eine ganze Reihe anderer Schriften Lenins, in denen er sich positiv über Bucharin, Schlapnikow und Trotzki aussprach, sind bisher von der Führung der SED unterdrückt worden. Genau das gleiche gilt für eine Reihe von wichtigen Parteidokumenten aus der Geschichte der KPD.

Auch in der Darstellung der Geschichte der KPD ist genau das getan worden, was Mikojan jetzt kritisiert: die Frisierung und Simplifizierung der geschichtlichen Ereignisse und die »Erklärung« widerspruchsvoller Vorgänge und Niederlagen durch eine angebliche Schädlingsarbeit einzelner damaliger Parteiführer.

So wird zum Beispiel im zweiten Teil des »Lehrbuchs für politische Grundschulen« beim Thema: »Die Entwicklung Deutschlands und der deutschen Arbeiterbewegung bis zum Sturz des Faschismus« auf Seite 268 versucht, die Niederlage im März 1921 durch »solche parteifeindlichen Elemente wie Paul Levi, Ruth Fischer, Maslow und andere« zu erklären. Das Mißlingen der Einheitsfront in den Jahren 1921/23 wird damit

»begründet«, daß »sich die Führung der Partei in den Händen der Rechtsopportunisten Brandler und Thalheimer befunden habe« (Seite 276). Auch die falsche Politik der KPD im Jahre 1931, z. B. Beteiligung der KPD am Volksentscheid gegen die sozialdemokratische Preußenregierung im August 1931, die in Wirklichkeit auf Grund direkter Interventionen Moskaus erfolgte, wird darauf zurückgeführt, daß angeblich »sich innerhalb der Partei eine Gruppe – Neumann, Funk – breitmachte, die eine sektiererische Politik betrieb« (Seite 345).

Das ist genau die Art der Geschichtsfälschung, die Mikojan und Pankratowa in ihren Reden auf dem Parteitag kritisierten. Im Sinne der neuen Erklärungen auf dem XX. Parteitag halten wir es daher für unbedingt erforderlich, die sofortige Veröffentlichung des Leninschen Testaments über die Nachfolgeschaft in der Parteiführung und aller bis jetzt geheimgehaltenen Schriften Lenins, darunter auch seiner positiven Äußerungen über Schlapnikow, Bucharin, Tomsky, Trotzki, Rykow und Pjatakow, durchzuführen.

Ferner ist es notwendig, die wichtigsten Parteidokumente der KPD, vor allem aus der Zeit 1918 bis 1930, sofort zu veröffentlichen und die Herausgabe von unfrisierten und unzensierten Erinnerungen derjenigen Genossen vorzubereiten, die diese Zeit in verantwortlichen Funktionen miterlebt haben und über die wirklichen Zustände berichten können.

VI.

Der XX. Parteitag hat sich öffentlich zur
These des unterschiedlichen Weges zum Sozialismus in den
verschiedenen Ländern bekannt

Der erste Sekretär des ZK der KPdSU, N. S. Chruschtschow, erklärte: »Es ist durchaus wahrscheinlich, daß die Formen des Überganges zum Sozialismus immer mannigfaltiger werden.«

Auch Suslow sprach offen aus, »daß sich der Übergang zum Sozialismus in kapitalistischen Ländern künftig durch noch stärkere Eigenarten auszeichnen wird, daß immer neue Formen für den Übergang zum Sozialismus entstehen werden«.

Mit diesen und einer Reihe anderer Erklärungen ist der Parteitag öffentlich zur These des unterschiedlichen Weges zum Sozialismus zurückgekehrt, wie sie Anton Ackermann im Dezember 1945 verkündete und wie sie die jugoslawischen Kommunisten in der Praxis bereits seit vielen Jahren durchführen.

Die jetzigen Erklärungen stellen einen direkten Schlag gegen Ulbricht und die ulbrichthörigen Einpeitscher in der Führung der SED dar. Es war vor allem Walter Ulbricht, der sich nach 1948 immer wieder gegen die These des besonderen deutschen Weges zum Sozialismus stellte. So hat Walter Ulbricht z. B. in seinem Artikel »Die SED vor der Parteikonferenz« (*Neue Welt* Nr. 22 vom 3. November 1948) behauptet: »Es gibt auch viele SED-Mitglieder, die, ausgehend von der Auffassung über den ›besonderen deutschen Weg zum Sozialismus‹, nicht nur den Klassenkampf unterschätzen, sondern auf der Stelle treten wollen, indem sie die alte Praxis aus der Weimarer Republik in der Praxis fortsetzen.« Und weiter: »Manche Parteimitglieder, die von einem besonderen deutschen Weg zum Sozialismus sprechen, unterschätzen die kapitalistischen Kräfte.« Damit hat Walter Ulbricht versucht, die Anhänger der marxistisch richtigen These, die jetzt auf dem XX. Parteitag verkündet wurde, politisch zu diffamieren.

Noch schärfer äußerte sich Ulbricht in seinem Artikel »Zum III. Parteitag der Sozialistischen Einheitspartei Deutschlands« (*Neues Deutschland* vom 21. Juli 1950), wo er früheren deutschen Kriegsgefangenen in Jugoslawien, Trotzkisten und ehemaligen KPO-Leuten vorwirft, daß sie sich für die These eines besonderen deutschen Weges zum Sozialismus einsetzen.

Vor allem aber: Walter Ulbricht hat im September 1948 Anton Ackermann gezwungen, seine völlig richtige These zurückzunehmen und eine demütigende Selbstkritik zu üben. Ulbricht und die Ulbricht-Einpeitscher haben somit viele Jahre lang die Anhänger einer richtigen These diffamiert, beschimpft und zur Selbstkritik gezwungen. Sie haben durch ihre unterwürfige Unterordnung unter die Stalin-Führung in Moskau und die völlig sinnlose und schädliche Anwendung aller sowjetischen Methoden und Maßnahmen auf die deutschen Verhältnisse der SED einen unermeßlichen Schaden zugefügt, einen Schaden, für den sie zur Verantwortung gezogen werden müssen.

VII.

Die erwähnten Tatsachen zeigen, daß die Führung der SED, vor allem Walter Ulbricht und die Ulbricht-Einpeitscher, im Verlaufe einer Reihe von Jahren eine Politik geführt haben, deren wesentlichste Bestandteile jetzt auf dem XX. Parteitag öffentlich verurteilt wurden.

Wir sind dabei allerdings der Auffassung, daß der XX. Parteitag in der Abkehr vom Stalinismus und in der Rückkehr zu den ureigensten Ideen der sowjetischen Arbeiterbewegung und ihrer Anwendung auf die heutigen Verhältnisse bisher nur den ersten Schritt getan hat. Der XX. Parteitag hat sich zwar mit Recht von vielen Maßnahmen und Methoden Stalins abgewendet, aber immer noch eine Reihe entscheidender Merkmale des Stalin-Systems beibehalten. Über solche Fragen wie die Wiederherstellung der Arbeiterkontrolle in den Betrieben, die Unabhängigkeit der Gewerkschaften (wie sie etwa Lenin im Jahre 1922 gefordert hat), die Befreiung der Kollektivwirtschaften von der ökonomischen Abhängigkeit gegenüber den staatlichen MTS und – vor allem – die Wiederherstellung der völligen Diskussionsfreiheit in der Partei, ist auf diesem Parteitag noch nicht gesprochen worden. Vielleicht ist es noch zu früh – aber wir sollten heute schon darüber nachdenken.

Selbst mit diesen Einschränkungen hat der XX. Parteitag unglaublich viel Neues gebracht. Die offizielle Abkehr vom Führerkult und von manchen Stalinschen Dogmen; die Kritik an der verlogenen »Geschichte der KPdSU«; die Rehabilitierung einiger Opfer der Stalinschen Säuberung; die Zurückdrängung der Macht des Staatssicherheitsdienstes; die beginnende Revision der Stalinschen Geschichtsschreibung; das offene Eingeständnis, daß in der Stalin-Ära nicht nur Fehler in taktischen, sondern auch in grundsätzlichen Fragen gemacht worden sind – all dies stellt den ersten Schritt dar, das grauenvolle Erbe Stalins, der der sozialistischen Arbeiterbewegung einen so unermeßlichen Schaden zugefügt hat, aus dem Wege zu räumen.

Es kommt nun aber darauf an, daß diese neuen Dinge, die Abkehr von einigen Maßnahmen, Methoden und Dogmen Stalins auch wirklich durchgesetzt werden – vor allem in der SED. Wir müssen und werden eine scharfe Auseinandersetzung mit denjenigen führen, die in den alten versteinerten Formen des Stalinismus verhaftet sind, die sich ein Leben ohne Autoritätsaberglauben und Führerkult, ohne Direktiven für alles und alle, nicht vorstellen können, denen jedes selbständige Denken, wie es einem Marx und Liebknecht und Lenin zu eigen war, zuwider ist.

Es gilt vor allem, zunächst jene Maßnahmen durchzusetzen, die sich eindeutig aus dem XX. Parteitag ergeben.

1. Offene und klare Lossagung von der Stalin-Verherrlichung in der Vergangenheit. Öffentliche Selbstkritik bzw. Einleitung eines Parteiverfahrens gegen diejenigen, die für den Personenkult und die unterwürfige Verherrlichung Stalins in der SED verantwortlich sind.

2. Sofortige Einstellung des Führerkults, der mit Pieck, Grotewohl und vor allem mit Ulbricht getrieben wird. Verbot der untertänigen Gruß- und Glückwunschtelegramme, der Jubiläumsfeiern und Jubiläumsschriften für die Mitglieder der SED-Führung.

3. Öffentliche Zurückziehung der sechs Erklärungen der Führung der Partei, in denen die fehlerhafte Schrift Stalins »Ökonomische Probleme des Sozialismus in der UdSSR« beweihräuchert und zum obligatorischen, unkritischen Studium empfohlen worden ist. Offene Selbstkritik bzw. Einleitung eines Parteiverfahrens gegen diejenigen, die für die fehlerhaften Erklärungen und Beschlüsse verantwortlich sind.

4. Öffentliche Rechenschaft der Führung der SED über ihre falschen Beschlüsse, in denen der »Kurze Lehrgang der Geschichte der KPdSU« zur Grundlage der Schulung in unserer Partei gemacht worden ist und damit ein fehlerhaftes Buch sehr gefördert wurde, dessen Inhalt nicht auf den historischen Tatsachen beruht.

5. Öffentliche Rechenschaft der Parteiführung über das Verbleiben der seit 1945 gesäuberten, ausgeschlossenen oder verhafteten Funktionäre der SED. Sofortige Rehabilitierung aller derjenigen, die wegen ihrer politischen Stellung gegen die Stalin-Ulbricht-Linie in der Vergangenheit zur Verantwortung gezogen wurden, vor allem, wenn es sich um die Fragen handelte, in denen ihnen jetzt auf dem XX. Parteitag nachträglich recht gegeben worden ist.

6. Öffentliche Erklärung der Führung der SED über das Schicksal der in die UdSSR emigrierten KPD-Funktionäre, die während der großen Säuberung 1936 bis 1938 verhaftet wurden und seitdem verschollen sind. Sofortige Rückführung der noch am Leben Gebliebenen und Wiedereinsetzung in verantwortliche Funktionen.

7. Sofortige Veröffentlichung der bisher geheimgehaltenen Schriften Lenins, vor allem von Lenins Testament. Schnelle Herausgabe der bisher zurückgehaltenen Dokumente aus der Geschichte der KPD, darunter auch Rosa Luxemburgs Schrift »Die russische Revolution«.

8. Einziehung der bisherigen falschen Darstellung der Geschichte der KPD. Herausgabe neuer historischer Arbeiten über die KPD, die auf Tatsachen beruhen und in denen als Ursache für Mißerfolge nicht ausgedacht »parteifeindliche Elemente« genannt werden.

9. Sofortige Neuherausgabe der Schrift Anton Ackermanns »Gibt es einen besonderen deutschen Weg zum Sozialismus?« vom Dezember 1945 und Veröffentlichung der Schriften der jugoslawischen Kommunisten seit 1948 über die Frage des unterschiedlichen Weges zum Sozialismus und seine Verwirklichung in der Praxis.

10. Rehabilitierung aller Mitglieder und Funktionäre, die wegen Vertretung der These über den besonderen deutschen Weg zum Sozialismus degradiert oder ausgeschlossen wurden, und Wiedereinsetzung in ihre früheren Funktionen als ersten Schritt auf dem Wege zur Ausarbeitung einer Politik unserer Partei, die den besonderen historischen Traditionen, den besonderen ökonomischen, politischen und kulturellen Bedingungen Deutschlands entspricht.

Diese zehn Forderungen ergeben sich in klarer Konsequenz aus den neuen Erklärungen auf dem XX. Parteitag in Moskau. Der XX. Parteitag bedeutet nicht nur eine Abkehr von manchen Maßnahmen, Schriften und Methoden Stalins in der UdSSR, er ist gleichzeitig auch ein deutlicher Schlag gegen die Politik des devoten, unterwürfigen Stalin-Einhämmerers und Stalin-Einpeitschers Walter Ulbricht.

Die Verwirklichung der neuen Erkenntnisse des XX. Parteitages darf nicht in die Hände alter dogmatischer Stalinisten gelegt werden. Es gilt, auch in der SED den Weg freizumachen für die Abkehr von der Stalin-Ulbricht-Linie, für neue schöpferische Ideen und Maßnahmen, für selbständig denkende, kritische und aktive Genossen; denn nur sie sind imstande, den neuen Ideen, Auffassungen und Maßnahmen zum Durchbruch zu verhelfen. (1956)

Schärfer als der Kreml

Seit 1956 ist zu beobachten, daß die DDR sich manchmal schärfer und unversöhnlicher gebärdet als die Sowjetunion. Es handelt sich dabei keineswegs nur um einen zufälligen Unterschied, sondern um Tendenzen, die seit Stalins Tod auf den verschiedensten Gebieten immer wieder sichtbar geworden sind.

Bis zu Stalins Tod war der Ostblock ein völlig einheitlicher Mechanismus. Alle Fragen der Satellitenstaaten – selbst kleinste Detailfragen – wurden von Moskau bestimmt: der Bau eines Elektrizitätswerkes in Bulgarien, die Herausgabe eines politischen Buches in Rumänien, eine Parteierklärung über die Stellung zur Kirche in der Tschechoslowakei oder einige wirtschaftliche Maßnahmen in der Landwirtschaft der Sowjetzone Deutschlands. Der Begriff »Satellitenstaaten« war zu jener Zeit voll und ganz berechtigt.

In den letzten sechs Jahren haben sich jedoch in den Beziehungen zwischen der Sowjetunion und den europäischen Ostblockstaaten – Polen, Sowjetzone, Tschechoslowakei, Ungarn, Rumänien, Bulgarien und Albanien – gewisse Veränderungen vollzogen. An die Stelle der vollkommenen Unterordnung dieser Staaten – selbst in kleinsten Detailfragen – unter den Oberbefehl Moskaus sind andere, modernere Formen der sowjetischen Einflußnahme getreten.

Zunächst – dieser Faktor wird häufig übersehen – vollzog sich in den letzten Jahren eine weitgehende und weitreichende

Integration der Ostblockländer durch den »Rat für gegenseitige Wirtschaftshilfe«. Die militärische Koordinierung wurde durch den im Mai 1955 unterzeichneten Warschauer Vertrag legalisiert und erfolgt durch das vereinigte Oberkommando der Truppen der Paktstaaten in Moskau. Die politische Koordinierung wird durch die herrschenden kommunistischen Parteien gewährleistet, die sich in ihrer Politik auf die grundlegenden Richtlinien der im November 1957 angenommenen Deklaration der herrschenden kommunistischen Parteien der Ostblockstaaten zu richten haben. Gemeinsame ideologische Richtlinien werden auf Ostblock-Konferenzen der Historiker, Philosophen und Wirtschaftswissenschaftler vereinbart.

Auf diese Weise hat die UdSSR zwar nach wie vor die führende Rolle in allen entscheidenden wirtschaftlichen, militärischen, politischen und ideologischen Fragen; im Rahmen dieser allgemeinen Richtlinien verfügen jedoch nunmehr die Parteiführungen der europäischen Ostblockstaaten über das Recht und die Möglichkeit, einzelne Fragen der Innenpolitik (z. B. Agrarpolitik, Stellung zur Kirche, Kulturpolitik) nach ihren eigenen Gegebenheiten zu entscheiden. In Polen wird diese Selbständigkeit besonders deutlich sichtbar.

Dieser Spielraum, den die Parteiführungen in der Auslegung der allgemeinen Linie heute haben, ist jedoch bedauerlicherweise von der SED-Führung der DDR nicht dazu benutzt worden, ihre Politik elastischer und versöhnlicher zu gestalten, sondern im Gegenteil: Die DDR ist heute stalinistischer als die UdSSR.

So hat die Sowjetzonen-Presse in den vergangenen Jahren über die nachstalinistischen Reformen in der UdSSR äußerst spärlich und unvollkommen, manchmal sogar direkt entstellend berichtet. Gerade jene sowjetischen Veröffentlichungen, die besonders »weitgehend« waren, wurden in der Presse der Sowjetzone nicht veröffentlicht. Sowjetische Veränderungen nach Stalins Tod wurden in der Sowjetzone entweder überhaupt nicht übernommen oder aber verspätet oder in karikaturhafter Weise und nur in Bruchstücken durchgeführt. Interessante Diskussionen der sowjetischen Philosophen und Wirtschaftswissenschaftler wurden den Lesern in der DDR häufig unterschlagen.

Diese Beispiele könnten um ein Vielfaches vermehrt werden. Sie zeigen, daß die Politik der Sowjetunion und der DDR trotz vieler entscheidender gemeinsamer Grundmerkmale nicht immer in allen Fragen schematisch gleichzusetzen ist. In der Sowjetunion herrscht eine Staatspartei, die es sich leisten kann, eine elastische Politik gegenüber der Intelligenz zu führen, keinen unnötigen Konfliktstoff mit der Kirche heraufzubeschwören und eine Brücke zur historischen Tradition zu schlagen.

In der DDR dagegen herrscht eine Partei, die als Folge einer Besetzung von außen aufgepfropft wurde und die nur von einem geringen Bruchteil der Bevölkerung unterstützt wird. Ihre Führung befürchtet und muß befürchten, daß selbst geringe Reformen das gesamte System gefährden. Sie versucht, ihre Schwäche durch radikale, scharfe Maßnahmen und überspitzte polemische Erklärungen zu übertönen. (1959)

DDR-Politiker aus der Nähe

Lothar Bolz, mein Chef im »Institut No. 99«

Mit Lothar Bolz, ab 1953 Außenminister der DDR, verbrachte ich während des Zweiten Weltkriegs ein volles Jahr in ein und demselben Zimmer, vom Juli 1943 bis Juli 1944. Wir residierten damals in der Filipowskij Pereulok, einer Nebengasse des Arbatplatzes in Moskau. Offiziell hießen wir »Institut No.99« – das war der Deckname für das sogenannte »Stadt-Komitee« des National-Komitees Freies Deutschland. Dieses Komitee, das im Juli 1943 in Moskau gegründet worden war, wirkte auf zwei Ebenen. Der offizielle Sitz befand sich in Ljunowo, etwa 35 Kilometer außerhalb Moskaus in einem früheren Erholungsheim der Eisenbahner-Gewerkschaft. Dort hausten die ehemaligen Generäle, Offiziere und Soldaten der deutschen Wehrmacht, dort fanden auch alle offiziellen Sitzungen statt. In unserem Büro hingegen, in der Filipowskij Pereulok, war das eigentliche politische Zentrum – der Sitz der deutschen Emigranten.

Zehn Zimmer hatte die vierte Etage dieses Hauses. Zwei gehörten der Redaktion der schwarz-weiß-rot umrandeten Wochenzeitung *Freies Deutschland*. In dem einen saß Rudolf Herrnstadt als Chefredakteur, derselbe Herrnstadt, der seit Herbst 1953 als Parteifeind gilt; im zweiten die Mitglieder der Redaktion Karl Maron, Alfred Kurella, Lothar Bolz, Ernst Held und ich. Lothar Bolz schrieb damals die Artikel über Deutschland.

Seltsam war, daß ich seinen Namen vorher nie gehört hatte. Während alle anderen in Moskau lebenden Emigranten ständig auf politischen Versammlungen oder Feiern zusammenkamen, während ihre Namen auf den immer wiederkehrenden Aufrufen zu sehen waren, war Lothar Bolz kein Begriff. Auch seine Artikel in unserem Blatt erschienen ungezeichnet oder unter Pseudonym. Offensichtlich sollte er nicht exponiert werden – später wurde klar, warum.

Meine Beziehungen zu Lothar Bolz waren damals recht eigentümlicher Natur. Jede Woche hatte ich kurz vor Redaktionsschluß wenige Minuten mit ihm zu tun. Ich mußte nämlich von Woche zu Woche eine kurze Übersicht der alliierten Bombenangriffe auf Deutschland zusammenstellen – meine erste journalistische Tätigkeit. So brachte ich also jeden Donnerstag mein zwei Seiten langes Manuskript zu Lothar Bolz. Er war nie zufrieden. Benutzte ich die Wendung »sie bombardierten«, so schrieb er: »sie griffen an«. Schrieb ich aber »sie griffen an«, so korrigierte er: »sie bombardierten«. Trotz eifrigen Bemühens habe ich nicht herausbekommen, warum ich es immer falsch machte.

Vielleicht lag es daran, daß es mit unseren privaten Beziehungen haperte. Wir aßen zwar häufig gemeinsam im Speisesaal des früheren Komintern-Hotels »Lux«, wobei ich als jüngstes Redaktionsmitglied meist schweigend den Gesprächen der »Großen« lauschte. Aber einmal wurde ich von Lothar Bolz zu einem Theaterbesuch eingeladen. Wir besuchten das während des Krieges vieldiskutierte, aufsehenerregende Stück von Kornejtschuk »Die Front«, ein Drama, in dem ein älterer, sympathischer General, der schon im Bürgerkrieg hohe militärische Funktionen innegehabt hatte, einem jüngeren, übrigens keineswegs so sympathischen, aber militärisch besser ausgebildeten Offizier gegenübergestellt wurde. Am Ende des Stückes übernahm der Jüngere die Funktion des Älteren.

Das war im Jahre 1944. Erst vier Jahre später sollte ich Lothar Bolz noch einmal treffen – im Gebäude des Zentralkomitees der SED in Berlin. Er hatte es sehr eilig, ja, es schien so, als wolle er mich nicht wiedererkennen. Einige Wochen später verstand ich den Grund: Zu meinem größten Erstaunen erhielt Lothar Bolz keine führende Funktion in der SED, sondern trat als Vorsitzender der National-Demokratischen Partei hervor, wobei er doch tatsächlich den Versuch machte, sich – nach außen hin – vom Marxismus zu distanzieren. Seine spätere Karriere habe ich dann nur noch in der Presse verfolgt: seine Ernennung zum Minister für Aufbau, zum stellvertretenden Ministerpräsidenten und zum Minister für Auswärtiges im Oktober 1953. Im Frühjahr 1959 saß er, zusammen mit Florin und Winzer, als Vertreter der DDR am »Katzentisch« der Genfer (Deutschland-)Konferenz.

Peter Florin: mein Klassenkamerad

Mit Peter Florin, der manchmal als »graue Eminenz« der Sowjetzone bezeichnet wurde, habe ich dieselbe Klasse derselben Schule besucht, der Moskauer »Karl-Liebknecht-Schule« in der Kropotkinstraße 12. Unsere beiden Klassenlehrer, die deutschen Emigranten Lüschen und Gerschinsky, die vor 1933 gemeinsam in Berlin-Neukölln die Karl-Marx-Schule besucht hatten, wurden zu unserer Zeit in Moskau verhaftet: 1937. Derartiges hatte Florins Vater nicht zu befürchten. Denn Wilhelm Florin galt in Moskau als ein prominenter Mann, seit er als ehemals in Köln gewählter KPD-Reichstagsabgeordneter nach Rußland gekommen war. Mein Schulkamerad Peter war damals übrigens mit dem Sohn eines anderen hochgeehrten KP-Führers innig befreundet: mit Robert Dahlem. Als dessen Vater Franz im Jahre 1953 seine Spitzenfunktion in der Sowjetzone verlor, floh Robert in die Bundesrepublik.

Anfang 1938 wurde die deutschsprachige »Karl-Liebknecht-Schule« aufgelöst, und zunächst verlor ich Peter Florin aus den Augen. Ich hörte nur, daß er, wie ich, die Sowjetschule absolviert hatte und die Universität besuchte. Erst im Frühjahr 1944 sah ich ihn wieder – in der Redaktion unserer Zeitung *Freies Deutschland.*

Der Redaktionsstab hatte sich inzwischen vergrößert, Peter war hinzugezogen worden. Wir waren nicht mehr in der kleinen Etage nahe vom Arbatplatz, sondern hatten ein großes, schönes Haus mit Garten in der Obuchastraße 3 erhalten. Genauer gesagt gehörte uns nicht das ganze Haus, sondern nur die Hälfte – in der anderen Hälfte (mit getrenntem Eingang) residierte das polnische Komitee der nationalen Befreiung. Zwar aßen wir in einem gemeinsamen Raum, doch bürgerte es sich auch dort ein, daß die Mitglieder des deutschen und des polnischen Befreiungskomitees an getrennten Tischen saßen.

Im Frühjahr 1945 hatten Peter Florin und ich, die wir beide im Hotel »Lux« lebten, den Auftrag, unter der Leitung Hans Mahles ein Programm für die zukünftige, nach dem Krieg zu schaffende deutsche Jugendorganisation auszuarbeiten. Aber die Kriegsereignisse kamen schneller voran als unser Programm. Als ich Ende April 1945 Moskau verließ, war es noch nicht fertig.

Damals galt es als wahrscheinlich, daß Peter Florin an führender Stelle der künftigen kommunistischen Jugendorganisation wirken würde. Aber die Kaderabteilung entschied anders. Peter Florin wurde 1945 nach Halle entsandt, wo er die Chefredaktion der Zeitung *Freiheit* übernahm. Er kam 1949 ins Außenministerium als Leiter der Hauptabteilung »Befreundete Staaten« und avancierte 1953 zum Leiter der Abteilung »Internationale Verbindungen« in der Parteiführung. Dann avancierte mein Klassenkamerad zum Kandidaten des ZK der Partei und zum Vorsitzenden des Außenpolitischen Ausschusses der Volkskammer. Mir persönlich scheint jedoch, daß seine wirkliche Stellung noch wichtiger war als die von ihm offiziell eingenommenen Funktionen.

Otto Winzer alias Lorenz:
zweiter Mann nach Ulbricht

Mit Otto Winzer war ich nur kurze Zeit zusammen – aber es waren interessante Wochen. Ich traf ihn in der Wohnung Walter Ulbrichts im Hotel »Lux« in Moskau im April 1945. Um jene Zeit wurde die »Gruppe Ulbricht« zusammengestellt: jene Emigranten wurden ausgewählt, die unter Leitung Ulbrichts als erste wieder nach Deutschland zurückkehren sollten. Die meisten der Gruppe kannte ich von früheren Tätigkeiten in Moskau her. Otto Winzer begegnete ich jedoch zum ersten Mal.

Als wir uns in Ulbrichts Wohnung trafen, gab er mir kurz die Hand und murmelte »Lorenz« – so wurde er damals genannt. Während des Fluges nach Deutschland am 30. April 1945 war er sehr schweigsam. Aber als wir am 1. Mai 1945 in Bruchmühle, dem damaligen Zentrum der politischen Hauptverwaltung der Sowjetarmee in Deutschland, eintrafen und uns mit hohen sowjetischen Polit-Offizieren unterhielten, richteten diese ihre Fragen vor allem an ihn. Offensichtlich galt er, zumindest zu jener Zeit, als der zweite Mann nach Ulbricht. Dies kam auch bei der Funktionsaufteilung im Mai 1945 zum Ausdruck. Winzer übernahm bei der Neugründung des Berliner Magistrats den vom östlichen Standpunkt aus äußerst wichtigen Posten eines Dezernenten für Kultur und Volksbildung, wobei die Ernennung so schnell vor sich ging, daß ein peinliches Mißgeschick passierte. Über den Rundfunk und die Presse wurde er nämlich noch als »Lorenz« bekanntgegeben, und erst zwei Tage später wurde sein eigentlicher Name, Otto

Winzer, bekannt; ein Umstand, der dazu führte, daß ich mehrmals von Genossen gefragt wurde: »Was ist denn mit dem Lorenz passiert? Und wo kommt denn jetzt der Winzer her?«

Vom Revolutionär zum Staatspräsidenten:
Wilhelm Pieck

Die Laufbahn Wilhelm Piecks vom Revolutionär zum Führer einer stalinistischen Partei, vom oppositionellen Kämpfer zum linientreuen Parteifunktionär, vom Emigranten in Moskau zum Mitbegründer der SED, vom Staatspräsidenten der DDR zum vereinsamten alten Mann, der jahrelang schwerkrank in seinem Amtssitz Schloß Niederschönhausen nur noch als Dekoration der Macht Ulbrichts diente, ist oft beschrieben worden.

Ich selbst sah Wilhelm Pieck das erste Mal in Moskau um die Jahreswende 1936/37. Die »große Säuberung« hatte schon begonnen, aber wir im Kinderheim Nr. 6, dem Heim für Kinder deutscher und österreichischer Emigranten, wußten noch nichts davon. Wir freuten uns über die Geschenke und feierten Neujahr sowjetisch – mit einer Neujahrstanne, die sich vom Weihnachtsbaum nur dadurch unterschied, daß die religiösen Symbole fehlten.

Wilhelm Pieck, der einen großen Teil des Silvesterabends bei uns verbrachte, freute sich sichtlich, zur Abwechslung einmal nicht unter Funktionären, sondern unter Kindern zu sein. So verzichtete er auch auf die sonst übliche politische Ansprache; statt dessen unterhielt er sich mit uns über unser Leben und unsere Arbeit in der Schule. Auch später besuchte Pieck uns noch mehrmals – bis zu jenem für uns so schwarzen 23. August 1939, als in Moskau zwischen Ribbentrop und Stalin der Nichtangriffspakt abgeschlossen und, schon wenige Tage später, unser Heim und alle anderen Institutionen der deutschen Emigranten in Moskau geschlossen wurden.

Seit diesem 23. August 1939 war jeder von uns deutschen Emigranten auf sich selbst gestellt. Je besser die offiziellen Beziehungen des Kreml zu Hitler-Deutschland wurden, um so weniger wurde vom Faschismus gesprochen. Deutsche Emigranten waren nicht mehr gefragt.

Erst ein Jahr später begann sich das Bild langsam zu ändern. Im Herbst 1940 wurde Molotows Besuch bei Hitler noch überschwenglich von den Sowjetzeitungen kommentiert, aber schon kurze Zeit später wurde deutlich, daß nicht alles »geklappt« hatte — denn Moskau begann sich der deutschen Emigranten zu erinnern.

Jeden Montag kamen wir nun wieder zu einem politischen Schulungsabend zusammen. Die emigrierten Parteiführer hielten Referate. Pieck war damals unbestritten der erste Mann — wenn auch schon viele wichtige politische Fragen von Ulbricht behandelt wurden. Die Situation war grotesk — denn noch galt der Hitler-Stalin-Pakt, noch durfte das Wort »Faschismus« nicht gebraucht und auch nicht vom Kampf gegen den Faschismus gesprochen werden. Der Krieg galt in Moskau immer noch als »imperialistischer Krieg von beiden Seiten«; England und Frankreich hatten danach die gleiche Schuld wie Hitler und Mussolini. Noch am 18. März 1941 verkündete Wilhelm Pieck diese »Linie« vor dem überfüllten Saal der Moskauer Hochschule für Fremdsprachen. Nur vier Monate später begann Hitler seinen Angriff auf die Sowjetunion.

Als ich Pieck im Sommer 1943 wiedersah, hatte sich die Lage völlig verändert. Nun stand alles im Zeichen des Kampfes gegen den Faschismus. Die Führer der deutschen Kommunisten waren inzwischen aus der Evakuierung nach Moskau zurückgekehrt. Wir alle wohnten im Hotel »Lux« in der Gorkistraße, in dem seit Beginn der zwanziger Jahre die Kominternfunktionäre residierten und das aus unerfindlichen Gründen immer noch »Hotel« genannt wurde. Pieck bewohnte damals eine einfach eingerichtete Zwei-Zimmer-Wohnung auf der ersten Etage.

Mitte April 1945, als die Sowjettruppen sich Berlin näherten, begannen in Moskau die Reisevorbereitungen. Die »Gruppe Ulbricht«, aus zehn Personen bestehend, sollte als erste zurückkehren. Am Abend vor unserer Abreise, am 29. April, wurden wir zu Wilhelm Pieck zu einer Abschiedsfeier eingeladen. In seinem Wohnzimmer stand auf dem runden Tisch vor jedem Platz ein Glas. Nicht nur Wilhelm Pieck, selbst Walter Ulbricht verzichtete an diesem Abend auf die obligatorische politische Ansprache und auf die üblichen Ermahnungen. Zur Feier unserer Rückkehr nach Deutschland wurde uns Wodka eingeschenkt: »Auf die zukünftige Arbeit in Deutschland«, sagte Wilhelm Pieck und erhob das Glas. »Auf daß du, Wilhelm Pieck, recht bald nach Deutschland kommst«, antwortete einer von uns. »Ja, ja, ich werde schon bald nachkommen.«

In der ersten Junihälfte kam er nach Ost-Berlin; wenige Tage später, am 13. Juni, wurde die Kommunistische Partei neu gegründet.

Einmal hatte ich Gelegenheit, mit Pieck in einer völlig anderen Atmosphäre zusammenzusein — nicht unter Funktionären und Parteimitgliedern, sondern bei einer Premiere eines westlichen Films im Westsektor Berlins. Schon seit dem Spätherbst 1945 hatte der Konkurrenzkampf der Besatzungsmächte um die Gunst der Berliner Bevölkerung begonnen. Die vier Großmächte schienen es als größte Ehre und wichtigste Aufgabe anzusehen, ihre besten Theaterstücke und Filme in die alte deutsche Hauptstadt zu schicken, um dort die Premieren feiern zu können. Als die Engländer den Shakespeare-Film »Heinrich V.« zur Uraufführung brachten, übersandten sie dem Zentralkomitee in Ost-Berlin zwei Einladungskarten.

»Fahren wir doch ruhig mal dorthin«, sagte Pieck zu mir. Zum erstenmal in meinem Leben erlebte ich ein »westliches« Premierenpublikum – und noch dazu ein Publikum, das von Pieck überhaupt keine Notiz zu nehmen schien. Pieck wurde beim Betreten des Foyers von niemandem begrüßt, ja, überhaupt kaum beachtet. Auch nach dem Ende des Films – er hatte Pieck übrigens gut gefallen – verließen wir völlig unbeachtet das Theater.

Das letzte Mal besuchte ich Wilhelm Pieck im März 1948 in seiner Villa in dem berühmten »Ghetto« in Niederschönhausen. Als ich die üblichen langwierigen Kontrollen passiert hatte und endlich in Piecks Haus war, bat mich seine Tochter Elli Winter in ihr Zimmer: »Wilhelm arbeitet noch.« Als wir nach etwa einer Stunde in das Speisezimmer gingen, schlug er gerade ein Buch zu. Es war Friedrich Engels' »Revolution und Konterrevolution in Deutschland«, jene Schrift über die Revolution von 1848, deren 100. Wiederkehr in Ost-Berlin eine Woche später feierlich begangen werden sollte. Neben dem Buch lagen mehrere Blätter mit Notizen.

Den Abstieg Wilhelm Piecks erlebte ich nicht mehr im Osten. Als im Oktober 1949 Pieck zum »Staatspräsidenten« der Sowjetzone ernannt wurde, war es klar, daß er die Macht verloren hatte. Sie ging an Ulbricht. Kurze Neujahrsansprachen waren dann das einzige, was man von Pieck hörte. Politisch war er schon seit vielen Jahren tot, ehe er am 7. September 1960 sein Leben beendete. (1959/60)

Von Ulbrichts Schergen entführt: Heinz Brandt

Heinz Brandt flog am 16. Juni 1961 – einem Freitag – nach West-Berlin. Nach der Ankunft auf dem Flughafen Tempelhof, gegen 18 Uhr, rief er noch Professor Ossip Flechtheim an, bei dem er – wie früher schon öfter – übernachten wollte. Am Montag sollte er für seine Zeitung, die Gewerkschaftszeitung *Metall*, an einem Gewerkschaftstag der IG Handel, Banken und Versicherungen teilnehmen. Der sonst so pünktliche Heinz Brandt erschien dort jedoch nicht.

Der ganze Montag verging – von Brandt war nichts zu hören. Auch am Dienstag warteten seine Familie und seine Freunde in Berlin und in der Bundesrepublik vergebens auf ein Lebenszeichen. Dann, am Mittwoch, dem 21. Juni, kam die kurze Meldung der sowjetzonalen Nachrichtenagentur ADN: »Am 17. Juni 1961 ist im Bezirk Potsdam der Agent Heinz Brandt, 52 Jahre, bei der Durchführung von Aufträgen für westliche Geheimdienste festgenommen worden.«

In dieser zynischen Form hat Ost-Berlin den jüngsten kommunistischen Menschenraub bekanntgegeben. Denn daß es Menschenraub war, daß Brandt – wahrscheinlich schon kurz nach seinem Eintreffen – aus West-Berlin entführt wurde, ist nicht zu bezweifeln. Jeder, der ihn kennt, weiß, daß er niemals freiwillig in den Ostsektor Berlins oder gar nach Potsdam gegangen wäre: Nur wenige Menschen in Deutschland haben so schreckliche Erfahrungen mit der Diktatur gemacht wie er.

Als ich Heinz Brandt im Sommer 1945 kennenlernte, war er nach elf Jahren Zuchthaus und KZ-Lager eben erst wieder frei geworden. Elf Jahre Haft – weil er seit seinem zwanzigsten Lebensjahr Kommunist war und überdies Jude. Als Student der Volkswirtschaft hatte er sich 1929 der KPD angeschlossen. Dafür wurde er in die Zuchthäuser Luckau und Brandenburg geschickt, dafür mußte er in die Konzentrationslager Sachsenhausen, Auschwitz und schließlich Buchenwald. Dort befreiten ihn im April 1945 die Amerikaner.

Damals erlebte Brandt die glücklichsten Tage seines Lebens. »Wann denn war ich glücklich?« so schrieb er viele Jahre später. »Ich war es nach Zeiten unsäglicher Pein damals, im April 1945, als wir uns im KZ Buchenwald freigekämpft hatten und aufs neue strahlend die Sonne schien.« Endlich, so glaubte er, werde er mitarbeiten können am Aufbau des antifaschistischen und sozialistischen Deutschland.

Zunächst führte uns ein dienstlicher Kontakt zusammen: Heinz Brandt war Leiter der Abteilung Agitation und Propaganda in der Berliner Leitung der KPD; ich war in derselben Abteilung des Zentralkomitees. Aber aus dem dienstlichen wurde bald ein persönlicher Kontakt. Nach zehnjährigem Aufenthalt in der Sowjetunion schloß ich mich unwillkürlich an jene Kommunisten an, die in Deutschland geblieben und hier gegen das NS-Regime gekämpft hatten. Sie waren, so spürte ich, »anders« als die kalten und berechnenden Parteiapparatschiks, die ich bis dahin in der Sowjetunion kennengelernt hatte. Gewiß, auch manche von ihnen verwandelten sich bald in kalte Apparatschiks. Heinz Brandt aber gehörte nicht dazu; er blieb seinem Ideal und seinem Charakter treu. Häufig verbrachten wir unsere Wochenenden gemeinsam in einem kleinen Erholungsheim in Berlin-Schmöckwitz. Wir beide hatten eine gemeinsame Leidenschaft: Wir paddelten gern.

Ab Herbst 1947, nachdem ich Lehrer an der Parteihochschule in Klein-Machnow geworden war, verlor ich Brandt etwas aus den Augen. Und nach meiner Flucht nach Jugoslawien im Frühjahr 1949 riß der Kontakt völlig ab. In Belgrad las ich lediglich seine Artikel. Der Kurs war inzwischen schärfer geworden – und seine Artikel auch. Ob Heinz Brandt wirklich dachte, was er schrieb? Oft stellte ich mir damals diese Frage. Nur in den spärlichen Notizen der Zonenpresse konnte ich seinen weiteren Lebensweg verfolgen. Es schien mir kein Zufall zu sein, daß er kurz nach dem 17. Juni 1953 zum Abteilungsleiter degradiert und 1954 gar in den Verlag »Die Wirtschaft« abgeschoben wurde. Vier Jahre lang arbeitete er dort, wie ich später erfuhr, unter schweren materiellen Bedingungen.

Um so größer war meine Freude, als mich Jahre später die Nachricht erreichte: Heinz Brandt ist am 14. September 1958 in die Bundesrepublik geflohen. Bald darauf feierten wir in Köln unser Wiedersehen. Es gab ja so viele Fragen, und ich bestürmte ihn – aber Heinz Brandt liebte es nicht, seine eigene Person in den Vordergrund zu stellen.

Nur aus Nebensätzen, die er in seine politischen Erzählungen und theoretischen Überlegungen einflocht, erfuhr ich, wie es ihm in all den Jahren ergangen war. Ende 1952, nach dem Slansky-Prozeß in der Tschechoslowakei und der damit verbundenen antisemitischen Kampagne, war auch er bedroht gewesen. In der DDR stand ein Prozeß bevor; schon wurden entsprechende Listen zusammengestellt. Die Gefahr nahm noch zu, als am 13. Januar 1953 die »Verschwörung« der Kreml-Ärzte enthüllt wurde. Brandt durchstand angstvolle Wochen und wurde – wie so viele andere auch – erst durch den Tod Stalins vor dem ihm zugedachten Schicksal bewahrt. Die Kreml-Ärzte wurden freigelassen, der Staatssicherheitsdienst scharf angegriffen; die Weichen standen damals in Moskau auf Entstalinisierung und Tauwetter. Die Sowjetvertreter in Ost-

Berlin drängten auf einen neuen Kurs auch in der Zone. Heinz Brandt schöpfte Hoffnung.

Anfang Juni 1953 erfuhr Brandt, der Kreml verlange die Liquidierung der bisherigen SED-Politik und einen Wechsel in der Führung. Damals erlebte er zum zweitenmal in seinem Leben eine Welle des Glücks. Noch nie, so schrieb er später, sei dieses Glücksgefühl »so intensiv, so allumfassend wie in der ersten Juniwoche 1953« gewesen. Aber bald mußte er erkennen, daß Ulbricht stark genug war, die Verwirklichung des neuen Kurses auf ein Minimum herabzudrücken, den Wechsel in der SED-Führung und seinen Sturz zu verhindern. Der Wendepunkt für Brandt war dann der 17. Juni 1953.

Als sich die Arbeiter gegen jene Diktatur erhoben, die er damals als Sekretär für Agitation und Propaganda repräsentieren mußte, trennte er sich innerlich von der SED. Er hatte erkannt, daß Ulbricht und seine Gesinnungsgenossen all das verraten hatten, wofür er über zwanzig Jahre lang gekämpft und gelitten hatte.

Über die schweren Jahre 1954 bis 1958, da er seine Frau und seine drei Kinder mit kärglichsten Mitteln ernähren mußte, sprach er nur ungern. Um so mehr fragte er mich über die Entwicklungstendenzen in der Sowjetunion aus. Gibt es Hoffnungen auf eine Evolution des Systems? Immer wieder kam er auf dieses Thema zurück. Sein Interesse und seine Hoffnungen lagen in der Zukunft.

In Frankfurt fand Brandt nach seiner Flucht als Redaktionsmitglied der Gewerkschaftszeitung *Metall* ein neues Arbeitsfeld und ein Heim für seine Familie. Endlich, so schien es, war er zur Ruhe gekommen, endlich – was für ihn sicher noch wichtiger war – hatte er die Möglichkeit, seine Gedanken frei zu äußern und frei niederzuschreiben.

Trotz aller bösen Erlebnisse war Brandt indes alles andere als ein »kalter Krieger«. Er blieb seinen sozialistischen Überzeugungen treu, ja, er gehörte sogar zum linken Flügel der SPD. Unerschütterlich war sein Optimismus. Manchmal wirkte er fast wie ein idealistischer Schwärmer – und war dabei ein warmherziger, hilfsbereiter und ehrlicher Sozialist.

Zwei Jahre, neun Monate und einen Tag war es Heinz Brandt vergönnt, ein Leben ohne Diktatur, Zwang und Angst zu führen. Seit dem 16. Juni fehlt nun jede Spur von ihm. Wir wissen nur, daß er sich in den Händen der sowjetzonalen Machthaber befindet. Ohne Zweifel werden diese Machthaber und ihre Helfershelfer Brandt unter Druck setzen: Sie wollen von ihm eine Erklärung, ein Geständnis über angebliche »Agentendienste«. Sie bauen wohl darauf, daß der heute 52jährige nach all seinen grauenvollen Erfahrungen körperlichen Torturen nicht mehr gewachsen ist. Wenn es dem Zonenregime gelingen sollte, Brandt die gewünschte Erklärung gewaltsam abzupressen – wir wissen heute schon, daß sie nichts, gar nichts wert ist.

Zu deutlich ist die Absicht: Im Zusammenhang mit der gegenwärtigen Berlin-Kampagne sucht Ulbricht den Nachweis für seine Behauptung zu erbringen, West-Berlin sei eine »Agentenzentrale«. Dazu braucht er Geständnisse und Erklärungen – mit welchen Methoden auch immer sie erlangt worden sind. Zu diesem Zweck auch wurde Heinz Brandt verschleppt. Aber Ulbrichts Rechnung dürfte nicht aufgehen. Sie wird im Gegenteil vielen endgültig die Augen öffnen. Wenn die östlichen Machthaber heute schon Menschenraub als erlaubtes politisches Kampfmittel ansehen – was würde erst geschehen, wenn Berlin in die von Ulbricht propagierte »Freie Stadt« umgewandelt würde! (1961)

Heinz Brandt, am 16. Juni 1961 vom Staatssicherheitsdienst der DDR nach Potsdam entführt, wurde am 18. Mai 1962 hinter verschlossenen Türen des sogenannten »Obersten

Gerichts« wegen angeblicher Spionage zu 13 Jahren Zuchthaus verurteilt. Aufgrund internationaler Proteste wurde er nach zweijähriger Haft Ende Mai 1964 entlassen und kehrte nach Frankfurt zurück. Nach seiner Freilassung setzte er sich für einen menschlichen Sozialismus ein und plädierte für einen »dritten Weg« – Auffassungen, die auch in seinen Memoiren »Ein Traum, der nicht entführbar ist« zum Ausdruck gebracht wurden. Heinz Brandt starb 76jährig Anfang Januar 1986 in Frankfurt am Main.

Die große Lüge

Die Errichtung der Mauer im August 1961

Die widerrechtliche Abschnürung des Ostsektors von Berlin ist den Bürgern der UdSSR in einer völlig verfälschten Weise dargestellt worden. Die Sowjetbürger können sich – sofern sie keine ausländischen Rundfunkstationen hören – über die jüngsten Vorgänge in Berlin überhaupt kein Bild machen. Weder in der *Prawda* noch in irgendeiner anderen sowjetischen Zeitung ist jemals über den Flüchtlingsstrom aus der DDR berichtet worden. Statt dessen wurde den Sowjetbürgern seit Jahr und Tag eingehämmert, die DDR sei der Hort des Friedens und der Demokratie, während die Bundesrepublik nichts anderes im Sinne habe, als die friedliche Aufbauarbeit der Zone zu stören.

An jenem 13. August, an dem der Ostsektor Berlins mit Stacheldraht und Betonpfeilern abgetrennt wurde, veröffentlichte die *Prawda* eine Karikatur Adenauers, der eine mit einem Dollarzeichen versehene Bombe in der Hand hält, während ihm von hinten Hitler das Wort »Revanche« und der frühere US-Außenminister Dulles »Krieg« zuflüstern. Dem Regierenden Bürgermeister von Berlin, Willy Brandt, warf die *Prawda* einen Tag später vor, daß er unmittelbar nach seinem Eintreffen auf dem »amerikanischen« Flugplatz Tempelhof die DDR und andere Länder des Ostblocks beschimpft habe.

Am 14. August, am gleichen Tag, da die Berliner Bevölkerung in Ost und West ihre Empörung gegen Stacheldraht, Betonpfeiler und die aufgefahrenen Panzer vom Typ »T 34« ausdrückte, brachte die *Prawda* einen dreispaltigen Bericht ihres Berlin-Korrespondenten Kusujezow unter der Überschrift »Die Berliner sagen: ein richtiger Beschluß!« Kusujezow hielt sich treu an die sowjetische Methode, alle eigenen Maßnahmen, was sie auch beinhalten, als Verwirklichung der Wünsche des Volkes darzustellen.

So schildert der Sowjet-Korrespondent Gespräche mit einigen Ost-Berlinern, die angeblich von der Abschnürung ihres Sektors begeistert gewesen seien. Der Zeitungsverkäufer Erwin Müller habe ihm erzählt, daß viele Berliner immer wieder vor seinem Kiosk ausgerufen hätten: »Endlich!« und »Ein richtiger Beschluß!« Anschließend will sich der Sowjet-Korrespondent Kusujezow zu den Bauarbeitern in der Stalinallee begeben haben, an den Ort, an dem am 16. Juni 1953 der Volksaufstand begonnen hatte. Hier habe ihm der 26jährige Schlosser Dieter Musik gesagt: »Wir werden nicht erlauben, daß der schmutzige Fuß eines Spions, Agenten oder Spekulanten unsere Schwelle überschreitet.«

Nur ein älterer Schlosser, Arthur Repin, habe bedauert, daß er nunmehr seine Verwandten und Freunde in West-Berlin nicht besuchen könne. Aber schon erhielt er vom Schweißer Fritz Hoffmann die Antwort: »Besser nach Abschluß eines Friedensvertrages sich die Erlaubnisscheine zu holen, als jeden Tag zusehen zu müssen, wie dunkle Subjekte bei uns eindringen wollen.«

So wurde den Sowjetbürgern die Stimmung der Berliner Bevölkerung am 14. August dargestellt. Was verfolgen die Sowjets mit dieser Berichterstattung?

Sie hat den Zweck, die »Parteilinie« zu den jüngsten Maßnahmen in Ost-Berlin zu begründen. Noch am gleichen Tage wurde sie in einem Leitartikel unter dem grotesken Titel »Der sozialistische Morgen der Menschheit« bekanntgegeben.

Erneut erhob die *Prawda* die Forderung nach einer »Normalisierung der Lage in West-Berlin« sowie der Verwandlung Berlins aus einer »Frontstadt« in eine »Stadt des Friedens«. West-Berlin sei, laut *Prawda*, »eine Eiterbeule am gesunden Körper der DDR«. Die Absperrung des Ostsektors sei angeblich notwendig gewesen, »um die umstürzlerische Tätigkeit gegen die Länder des sozialistischen Lagers zu unterbinden«. Sie entspräche »den Interessen des Friedens in Europa«.

Auch der Sowjet-Korrespondent Kusujezow erklärte, die Absperrung der Sektorengrenze sei »vom Leben diktiert und schon längst notwendig gewesen«; sie hätte den einzigen Zweck, »zur Gesundung und Reinigung der Atmosphäre im Herzen Deutschlands« beizutragen.

Neben den Schikanen der Ostblockführung gegenüber der Bevölkerung der Zone und Ost-Berlins gesellt sich nun die Fehlinformation hinzu, die einer Verhöhnung der eigenen Bevölkerung gleichkommt. (1961)

Ernst Blochs gescheiterter Versuch

Ein marxistischer Philosoph in der DDR

Im Mai 1949 war Ernst Bloch aus der amerikanischen Emigration in die Sowjetzone gekommen; die Zonenmachthaber hatten ihn damals berufen, das Institut für Philosophie an der Universität Leipzig zu übernehmen, in der offensichtlichen Absicht, ihre Diktatur mit seinem Namen zu schmücken. Professor Bloch glaubte zunächst, in der Sowjetzone eine neue Heimat gefunden zu haben: »Ich komme gleichsam aus dem Lande Metternichs und der Heiligen Allianz. Früher nannte man es die Neue Welt, nun aber ist sie hier bei uns, die neue Welt«, erklärte er in seinem ersten Interview im SED-Zentralorgan *Neues Deutschland* am 27. August 1949. Auch in seiner Antrittsvorlesung bekannte er sich »wenn auch keineswegs im SED-Stil«, zum Marxismus – laut Bloch der einzige Standort einer jeden heute noch möglichen Philosophie.

Aber für Professor Bloch war Marxismus etwas völlig anderes als für die SED-Machthaber, die die Lehren von Marx nur als dogmatische Rechtfertigung für ihre eigene Terrorherrschaft benutzten. Bloch dachte nicht daran, der SED beizutreten. Je mehr die SED ihre Herrschaft ausbaute und alle Bereiche des öffentlichen Lebens zu durchdringen begann, um so mehr zog sich Bloch von der Öffentlichkeit zurück.

Er vermied zunächst jede Äußerung zu aktuellen Tagesfragen. Erst 1953, nach Stalins Tod, trat Bloch wieder hervor. Gemeinsam mit Wolfgang Harich und einigen anderen Philosophen begann er die *Deutsche Zeitschrift für Philosophie* herauszugeben, die jedoch sofort von der Parteipresse angegriffen wurde. Sowohl in dieser Zeitschrift als auch in seinem großen philosophischen Werk »Das Prinzip Hoffnung«, dessen erste zwei Bände 1954 und 1955 erschienen – die Herausgabe des dritten Bandes war lange hinausgezögert –, kamen die wichtigen Unterschiede zwischen der lebendigen, schöpferischen Philosophie Blochs und der starren, dogmatischen Rechtfertigungslehre der SED deutlich zum Ausdruck.

Für Bloch war – wie Jürgen Rühle dies in seinem Buch »Literatur und Revolution« schilderte – die neue sozialistische Gesellschaft untrennbar mit der Befreiung der Persönlichkeit verbunden. Jeder Schritt der sozialistischen Entwicklung sollte eine Stufe zur Befreiung des Menschen sein. Bloch unterschied zwischen einem Wärme- und einem Kältestrom im Marxismus, zwischen einem warmen und einem kalten Rot. Das warme war für Bloch die Befreiung des Menschen, der revolutionäre Impuls der Dialektik, der humane Antrieb, die Menschheitserlösung; der Kältestrom die Machtpolitik, die Strategie und Taktik, die Systematik und Dogmatik.

Obwohl er wiederholt zum Ausdruck brachte, daß beide notwendig seien und einander bedingen, war es nicht schwer zu erkennen, wo die Sympathien Blochs und seiner Anhänger lagen. Bloch stellte das primitive Siegesbewußtsein der offiziellen Machthaber in Frage. Es gebe positive und negative Möglichkeiten. Die Gefahr eines Irrweges sei keineswegs ausgeschlossen: »Die Entscheidung ist noch nicht gefallen, und die Sache selbst ist noch nicht heraus.«

Geistiges Aushängeschild

Nach all dem ist es nicht verwunderlich, daß die SED-Führung schon zu jener Zeit eine zwiespältige Haltung zu Bloch einnahm. Sie brauchte ihn als geistiges Aushängeschild, aber sie fürchtete die Auswirkungen seiner ketzerischen Gedanken. So erhielt Professor Bloch zwar zu seinem 70. Geburtstag am 8. Juli 1955 den »Vaterländischen Verdienstorden in Silber«, aber am gleichen Tag erschien im SED-Zentralorgan ein Artikel des Chefideologen Kurt Hager mit der deutlichen Unterscheidung zwischen »Anhängern des dialektischen Materialismus und solchen Denkern wie Ernst Bloch«. Ein marxistischer Philosoph, schrieb der SED-Chefideologe in seinem Geburtstagsglückwunsch, habe zu den Werken Blochs mancherlei Kritisches zu sagen. Auch als Bloch im Oktober 1955 den Nationalpreis zweiter Klasse erhielt, war lediglich etwas vage von einer »tiefdringenden Analyse« und einer »progressiven Einstellung« die Rede.

Nach der Verurteilung Stalins auf dem XX. Parteitag im Frühjahr 1956 hoffte Bloch, daß nun manches anders würde. Jetzt fühlte er sich von Moskau bestätigt. In Ost-Berlin hielt er drei große Reden zur Erneuerung des Marxismus: »Differenzierungen im Begriff Fortschritt«, »Freiheit und Wahrheit«, »Hegel und die Gewalt des Systems«. Wie Georg Lukàcz zur gleichen Zeit in Budapest, wandte sich Bloch gegen die Verwandlung des Kommunismus in eine erstarrte Ideologie, gegen die Gleichschaltung des geistigen Lebens, und rief dazu auf, den Kommunismus ansprechender, überzeugender und menschlicher zu machen. Auf der Konferenz über das Freiheitsproblem, auf der auch Wolfgang Harich und Leszek Kolakowski auftraten, sprach Bloch offen aus, daß die Freiheit in den sogenannten sozialistischen Staaten noch keineswegs mit dem erstrebten Zielinhalt identisch sei, ja, daß es in diesen Staaten einige der bereits gewonnenen bürgerlichen Freiheiten nicht mehr oder noch nicht wieder gebe.

Alle dogmatische Primitivität war Bloch in der Seele zuwider. »Jetzt muß statt Mühle endlich Schach gespielt werden«, rief er bei seinem Hegel-Vortrag unter stürmischer Zustimmung aus. Sein Auditorium war damals ständig überfüllt, und mit seinen kritischen neuen Gedanken gab er den Anstoß für junge Intellektuelle der Zone, seine Auffassungen weiterzuführen und politisch zu akzentuieren.

Die Hoffnungen, von innen her Ideologie und System zu reformieren, waren jedoch nur von kurzer Dauer. Bald folgte die schreckliche Ernüchterung. Ende 1956, kurz nach der blutigen Niederschlagung der Revolution in Ungarn, besetzte der Staatssicherheitsdienst die Redaktion der *Deutschen Zeitschrift für Philosophie*, beschlagnahmte die vorliegenden Manuskripte und verhaftete die verantwortlichen Redakteure. Von den namhaften jungen Philosophen der Zone erhielten Wolfgang Harich zehn Jahre Zuchthaus, Günther Zehm vier Jahre, Manfred Hertwig, Redaktionssekretär der *Zeitschrift für Philosophie*, zwei Jahre. Die Bloch-Schüler Gerhard Zwerenz und Richard Lorenz flüchteten aus Leipzig in die Bundesrepublik. Zehm und Hertwig folgten ihnen nach Verbüßung ihrer Haftzeit.

Die bereits angeordnete Verhaftung von Ernst Bloch wurde damals, Ende 1956, im letzten Augenblick aus staatspolitischen Gründen abgeblasen. Die Machthaber beschränkten sich darauf, Professor Bloch zwangsweise in den Ruhestand zu versetzen. Sie verboten ihm, das Gebäude der Leipziger Universität zu betreten.

Im August 1961 folgte er seinen Schülern. Von einem Besuch in der Bundesrepublik kehrte er nicht mehr in die DDR zurück. Das dortige Regime, das sich mit Betonmauern umgeben muß, um die Bevölkerung im eigenen Machtbereich zu halten, kann sich nur noch auf die terroristische Gewalt stützen. Die DDR hat ihren großen Philosophen verloren. Es erscheint symptomatisch, daß selbst marxistische Philosophen sie mit der Begründung verlassen, »daß für selbständig Denkende überhaupt kein Lebens- und Wirkungsraum mehr bleibt«. (1961)

Ulbrichts Kontroverse
mit Marx und Engels

Walter Ulbricht bezeichnet sich selbst als Marxist, und die SED tut das gleiche. Diese Behauptung des SED-Regimes wird nicht selten im Westen kritiklos übernommen. Viele Menschen in der Bundesrepublik identifizieren Marx und Engels kurzerhand mit dem gegenwärtigen System in der Zone. Ist eine solche Identifizierung zulässig? Stimmt sie?

Stellen wir uns einmal vor, Marx und Engels würden heute das Gebäude des Zentralkomitees der DDR in Ost-Berlin betreten, und sie würden dort von Walter Ulbricht empfangen. Wie verliefe ein Gespräch zwischen den drei Männern? Wahrscheinlich so ähnlich, wie ich es hier schildere. Alle Äußerungen von Marx und Engels sind wörtliche Zitate: der Part von Ulbricht ist fiktiv, aber was er sagt, entspricht genau der Einstellung der SED.

Ulbricht: Im Namen der Sozialistischen Einheitspartei Deutschlands begrüße ich Sie aufs herzlichste, Genosse Karl Marx und Genosse Friedrich Engels. Es ist für mich eine große Ehre, Sie, die größten Söhne der deutschen Nation, hier feierlich empfangen zu können. In dem ersten Arbeiter- und Bauernstaat der deutschen Geschichte, der Deutschen Demokratischen Republik, werden Ihre großen Ideen verwirklicht. Ihre Namen werden bei uns verehrt. Chemnitz haben wir in Karl-Marx-Stadt, die Leipziger Universität in Karl-Marx-Universität umbenannt, und seit Mai 1953

haben wir auch einen Karl-Marx-Orden für hervorragende Leistungen.
Marx: »Wir beide geben keinen Pfifferling für Popularität ... Im Widerwillen gegen allen Personenkult habe ich während der Zeit der Internationalen die zahlreichen Anerkennungsmanöver, womit ich von verschiedenen Ländern aus molestiert ward, nie in den Bereich der Publizität dringen lassen. Ich habe auch nie darauf geantwortet, außer hie und da durch Rüffel.«[1]
Ulbricht: Na ja, natürlich. Auch wir verurteilen, zumindest offiziell, den Personenkult. Aber, Hand aufs Herz, sind Sie nicht stolz auf die Anerkennung, die Ihnen hier von unserer ruhmreichen SED zuteil wird?
Engels: »Wir haben jetzt endlich wieder einmal ... Gelegenheit, zu zeigen, daß wir keine Popularität, keine Unterstützung von irgendeiner Partei irgendwelchen Landes brauchen und daß unsere Position von dergleichen Lumpereien total unabhängig ist.«[2]
Ulbricht: »Lumpereien« ist zwar ein bißchen scharf. Aber selbst wenn Sie auch die Verherrlichung Ihrer Person ablehnen, eins wird Sie sicher mit Stolz erfüllen: Wir, die SED, bekennen uns fest und unerschütterlich zum Marxismus.
Marx: »Das einzige, was ich weiß, ist, daß ich kein Marxist bin.«[3]
Ulbricht: Das ist ja nun gewiß eine etwas unmarxistische Formulierung, Genosse Marx. Aber lassen wir das. Das Wichtigste ist ja schließlich, verehrte Genossen, daß unsere Partei, die SED, fest ist wie Granit, einheitlich im Denken und Handeln.
Marx: »Einheitlichkeit im Denken und Handeln bedeutet nichts anderes als blinden Glauben und Kadavergehorsam.«[4]
Ulbricht: Na, na, verbreiten Sie das nur nicht unter unseren einfachen Parteimitgliedern. Immerhin werden Sie doch nicht ernsthaft bezweifeln, daß die Arbeiterklasse zur Verwirk-

lichung ihrer Ziele eine einheitliche, festgefügte Organisation benötigt?

Engels: »Je loser die Organisation ist, desto fester ist sie in Wirklichkeit.«[5]

Ulbricht: Gewiß, ich will ja nicht mit Ihnen polemisieren. Die Organisationsformen können ja von den zeitlichen und den örtlichen Bedingungen abhängen. Aber Ihre großen politischen Zielsetzungen, verehrte Genossen, die haben wir bestimmt hier in der DDR verwirklicht. Unbeirrt vom reformistischen Gewäsch über Entschädigungen haben wir in der DDR alle Großgrundbesitzer und Kapitalisten entschädigungslos enteignet.

Engels: »Eine Entschädigung sehen wir keineswegs unter allen Umständen als unzulässig an; Marx hat mir – wie oft! – als seine Ansicht ausgesprochen, wir kämen am wohlfeilsten weg, wenn wir die ganze Bande auskaufen könnten.«[6]

Ulbricht: Na ja, lassen wir mal diese Teilfrage, ob mit oder ohne Entschädigung. Wichtig ist ja schließlich das Resultat. Alle Betriebe und Unternehmungen in unserer DDR sind verstaatlicht!

Engels: »Weder die Verstaatlichung in Aktiengesellschaften noch die in Staatseigentum hebt die Kapitaleigenschaft der Produktivkräfte auf ... Das Staatseigentum an den Produktivkräften ist nicht die Lösung des Konflikts, aber es birgt in sich das formelle Mittel, die Handhabe der Lösung. Die Lösung kann nur darin liegen, daß ... die Gesellschaft offen und ohne Umwege Besitz ergreift von den – jeder anderen Leitung außer der ihrigen – entwachsenen Produktivkräften.«[7]

Ulbricht: Eine etwas gefährliche Formulierung, Genosse Engels. Wenn die »Gesellschaft ohne Umwege« die Produktivkräfte des Landes übernehmen soll, dann führt das ja direkt zu den jugoslawischen Arbeiterräten, und wir landen im Sumpf des titoistischen Revisionismus! Schwamm darüber – denn ich will Ihnen unseren größten Erfolg mitteilen: Unsere gesamte Landwirtschaft ist kollektiviert. Na ja, unter uns, um die Privateigentums-Mentalität der Bauern zu überwinden, konnten wir nicht gerade liberal mit ihnen verfahren.

Engels: »Wir stehen ja entschieden auf Seite des Kleinbauern; wir werden alles nur irgend Zulässige tun, um sein Los erträglicher zu machen, um ihm den Übergang zur Genossenschaft zu erleichtern ... In diesem Sinne können wir also sehr liberal mit den Bauern verfahren.«[8]

Ulbricht: Gewiß, Genosse Engels, in offiziellen Reden habe ich ja auch vor Überspitzungen gewarnt. Aber Sie werden doch hoffentlich nicht bestreiten, daß gewaltsame Eingriffe notwendig sind, um die Bauern zum Eintritt in die landwirtschaftlichen Produktionsgenossenschaften zu bewegen.

Engels: »... zweitens ist es ebenso handgreiflich, daß, wenn wir im Besitz der Staatsmacht sind, wir nicht daran denken können, die Kleinbauern gewaltsam zu expropriieren (einerlei, ob mit oder ohne Entschädigung) ... Unsere Aufgabe gegenüber den Kleinbauern besteht zunächst darin, ihren Privatbetrieb und Privatbesitz in einen genossenschaftlichen überzuleiten, nicht mit Gewalt, sondern durch Beispiel und Darbietung von gesellschaftlicher Hilfe zu diesem Zweck ... Wir können ihnen nur versprechen, daß wir nicht wider ihren Willen gewaltsam in ihre Eigentumsverhältnisse eingreifen werden.«[9]

Ulbricht: Das verstehe ich schon, aber bei uns, Genosse Engels, lagen eben besondere Verhältnisse vor; und wenn Sie auch mit unseren ökonomischen Maßnahmen nicht einverstanden sind, so werden Sie dafür sicher unsere politische Umgestaltung begrüßen. Wir haben radikal mit dem bürgerlichen Gefasel vom »Rechtsstaat« aufgeräumt; unsere gesamte Gesetzgebung ist voll und ganz den politischen Interessen des Klassenkampfes untergeordnet.

Marx: »Tendenzgesetze, Gesetze, die keine objektiven Normen geben, sind Gesetze des Terrorismus ... Gesetze, die nicht die Handlung als solche, sondern die Gesinnung des Handelnden zu ihren Hauptkriterien machen, sind nichts als positive Sanktionen der Gesetzlosigkeit.«[10]

Ulbricht: Also das, Genosse Marx, bei aller Verehrung, das geht wirklich zu weit, uns hier einfach des Terrorismus zu beschuldigen. Ohne politische Gesetzgebung oder, wie Sie es nennen, Gesinnungsgesetze, geht's doch einfach nicht. Kommen Sie uns doch bitte wenigstens darin etwas entgegen.

Marx: »Das Gesinnungsgesetz ist kein Gesetz des Staates für die Staatsbürger, sondern das Gesetz einer Partei gegen eine andere Partei. Das Tendenzgesetz hebt die Gleichheit der Staatsbürger vor dem Gesetz auf ... Gesinnungsgesetze basieren auf der Gesinnungslosigkeit, auf der unsittlichen, materiellen Ansicht vom Staat. Sie sind ein indiskreter Schrei des bösen Gewissens.«[11]

Ulbricht: Pst, pst, Genosse Marx, wenn das jemand hier hört, daß Sie die Gesetzgebung der DDR als indiskreten Schrei des bösen Gewissens bezeichnen ... Gut, gehen wir nun zum Wichtigsten über: zum Staat. Ich kann Ihnen versichern, daß wir, Ihre Nachfolger, die Geschicke des Staates fest in der Hand halten; im Interesse unserer großen Sache gestatten wir niemandem, sich unserer Politik entgegenzustellen.

Marx: »Die beste Staatsform ist die, worin die gesellschaftlichen Gegensätze nicht verwischt, nicht gewaltsam ... gefesselt werden. Die beste Staatsform ist die, worin sie zum freien Kampf und damit zur Lösung kommen.«[12]

Ulbricht: Wenn ich nicht sicher wüßte, daß ich Sie, Genosse Marx, vor mir sitzen habe, könnte ich fast annehmen, Sie wären irgendein bürgerlicher Liberaler von der *Zeit*-Redaktion. Aber weil wir gerade von der Presse sprechen: Ich kann Ihnen mit Stolz versichern, alle Zeitungen in der DDR dienen dem einzigen Zweck, die Ziele der Partei zu propagieren und die Massen für die Verwirklichung dieser Ziele zu mobilisieren. Die gesamte Presse steht fest unter unserer Kontrolle.

Marx: »Damit die Presse ihre Bestimmung erreiche, ist es vor allem notwendig, ihr keine Bestimmung von außen vorzuschreiben und ihr jene Anerkennung zu gewähren, die man selbst der Pflanze zu gewähren gewohnt ist. Die Anerkennung der inneren Gesetze, denen sie nicht nach Willkür sich entziehen darf.«[13]

Ulbricht: Aber, Genosse Marx, Sie werden doch nicht etwa das bürgerliche Geschrei von der Pressefreiheit unterstützen...

Marx: »Das Wesen der freien Presse ist das charaktervolle, vernünftige sittliche Wesen der Freiheit. Der Charakter der zensierten Presse ist das charakterlose Unwesen der Unfreiheit.«[14]

Ulbricht: Aber, Genosse Marx, Genos...

Marx: »Die Regierung hört nur ihre eigene Stimme; sie weiß, daß sie nur ihre eigene Stimme hört, und fixiert sich dennoch in der Täuschung, die Volksstimme zu hören, und verlangt ebenso vom Volke, daß es sich diese Täuschung fixiere.«[15]

Ulbricht: Genosse Marx, wenn das jemand anderes gesagt hätte, dann... Ich will nur hoffen, daß Sie unsere Lehrmeister, zumindest unsere Kulturpolitik gutheißen. Wir haben Kunst und Literatur in den Dienst unserer großen Zielsetzung gestellt. Bei uns gibt es keine l'art pour l'art mehr. Unsere Literatur in der DDR bringt die Tendenz unseres politischen Kampfes deutlich zum Ausdruck.

Engels: »Die Tendenz muß aus der Situation und Handlung selbst hervorspringen, ohne daß ausdrücklich darauf hingewiesen wird, und der Dichter ist nicht genötigt, die geschichtliche zukünftige Lösung der gesellschaftlichen Konflikte, die er schildert, dem Leser in die Hand zu geben.«[16]

Ulbricht: Aber, Genosse Engels! Wir müssen doch schließlich vom Autor fordern, Partei zu ergreifen, den Leser durch die politischen Ansichten des Autors zu beeinflussen.

Engels: »Je mehr die Ansichten des Autors verborgen bleiben, desto besser für das Kunstwerk.«[17]

Ulbricht: Was Sie da sagen, bedeutet ja eine Abkehr vom Prinzip der Parteilichkeit in der Literatur und vom sozialistischen Realismus. Wenn wir das gestatten, dann kann ja jeder x-beliebige Reaktionär kommen und noch die Freiheit der Persönlichkeit fordern.

Marx: »Die Lebensgefahr für jedes Wesen besteht darin, sich selbst zu verlieren. Die Unfreiheit ist daher die eigentliche Todesgefahr für den Menschen.«[18]

Ulbricht: Gewiß doch, allgemein gesprochen, später mal, wenn wir das Endziel des Kommunismus erreicht haben, sind auch wir für die Freiheit der Persönlichkeit. Aber jetzt? Jetzt, wo es sich um die große sozialistische Umgestaltung handelt, die Befreiung der Gesellschaft, da müssen doch die Interessen des einzelnen zurückstehen.

Engels: »Die Gesellschaft kann sich selbstredend nicht befreien, ohne daß jeder einzelne selbst befreit wird.«[19]

Ulbricht: Eine höchst bedenkliche Äußerung, Genosse Engels, wir können doch nicht nur wegen dieser Freiheit der Persönlichkeit unsere großen Ziele, die soziale Neuorganisation der Gesellschaft, in Frage stellen.

Engels: »Wir sind keine Kommunisten, die die persönliche Freiheit vernichten und aus der Welt eine große Kaserne oder ein großes Arbeitshaus machen wollen. Es gibt freilich Kommunisten, welche es sich bequem machen und die persönliche Freiheit, die nach ihrer Meinung der Harmonie im Wege steht, leugnen und aufheben wollen; wir haben aber keine Lust, die Gleichheit mit der Freiheit zu erkaufen.«[20]

Ulbricht: Aber haben Sie doch etwas Verständnis für uns, Genosse Engels. Sie greifen uns SED-Führer ja in einer Weise an, als ob wir allein alles falsch gemacht hätten. Wir sind die getreuen Schüler der Kommunistischen Partei der Sowjetunion; wir sind ein Bestandteil der kommunistischen Weltbewegung, mit den sowjetischen Kommunisten an der Spitze.
Engels: »Es ist gar nicht im Interesse dieser Bewegung, daß die Arbeiter irgendeiner einzelnen Nation an ihrer Spitze marschieren.«[21]
Ulbricht: Sie werden doch nicht etwa, Genosse Engels, wie die revisionistischen Titoisten in Jugoslawien, die führende Rolle der Sowjetunion negieren? Sie werden doch nicht etwa bestreiten, daß die Führung der ruhmreichen russischen Arbeiterklasse notwendig ist, um die Einheit der internationalen Arbeiterbewegung zu garantieren?
Engels: »Eine kostbare Zumutung, daß, um Einheit ins europäische Proletariat zu bringen, es russisch kommandiert werden muß!«[22]
Ulbricht: Nach all diesen sehr bedenklichen Äußerungen, Genosse Engels, muß ich Sie jetzt wirklich ermahnen und an die Parteidisziplin erinnern.
Engels: »Keine Partei in irgendeinem Land kann mich zum Schweigen verurteilen, wenn ich zum Reden entschlossen bin.«[23]
Ulbricht: Entschuldigen Sie, ich hab' es ja nicht persönlich gemeint. Das gilt doch nur für alle anderen. Bei Ihnen, unserem großen Lehrmeister, machen wir natürlich eine Ausnahme. Aber Sie müssen doch zugeben, daß im allgemeinen die sozialistische Wissenschaft der Kontrolle der Partei unterstehen muß.
Engels: »Ihr – die Partei – braucht die sozialistische Wissenschaft, und diese kann nicht leben ohne Freiheit der Bewegung.«[24]

Ulbricht: Was soll denn das heißen, »Ihr«, wenn Sie von der marxistisch-leninistischen Partei sprechen? Und das ausgerechnet jetzt, denn – trotz aller unserer großen Differenzen – wollen wir nämlich Ihnen, verehrte Genossen Marx und Engels, die höchsten Staatsfunktionen in der DDR anbieten. Oder wollen Sie lieber eine offizielle Parteistellung?

Engels: »Nicht nur keine offizielle Staatsstellung, auch solange wie möglich keine offizielle Parteistellung, kein Sitz in Komitees usw., keine Verantwortlichkeit für Esel, unbarmherzige Kritik für alle, und dazu jene Heiterkeit, die sämtliche Konspirationen von Schafsköpfen uns doch nicht nehmen werden.«[25]

Ulbricht: So hart Ihre Formulierungen auch sind, Genosse Engels – nicht einmal die kapitalistische Westpresse nennt uns Esel und Schafsköpfe –, und so schwer uns Ihre Ablehnung auch trifft, einen Staatsposten in der DDR zu übernehmen, eins darf ich doch zumindest feierlich jetzt verkünden: Wir nehmen jetzt Sie, unsere großen Lehrmeister und Vorkämpfer, Karl Marx und Friedrich Engels, feierlich in die ruhmreiche Partei der deutschen Arbeiterklasse, in die SED, auf.

Engels: »Was passen Leute wie wir, die offizielle Stellungen fliehen wie die Pest, in eine ›Partei‹? Was soll uns, die wir auf die Popularität spucken, die wir an uns selbst irre werden, wenn wir populär zu werden anfangen, eine »Partei«, d. h. eine Bande von Eseln, die auf uns schwört, weil sie uns für Ihresgleichen hält?«[26]

Ulbricht: Jetzt ist's genug, das Gespräch ist beendet. Mit solchen Parteifeinden wie Ihnen, Herr Marx und Herr Engels, sind wir bis jetzt noch immer fertig geworden. Ihre böswilligen Angriffe gegen die Einheitlichkeit und Geschlossenheit der Partei und Ihre Weigerung, sich der Parteidisziplin unterzuordnen, zeugen von Ihrer kleinbürgerlich-individualistischen Abweichung.

Ihre Absichten, Mr. Marx und Mr. Engels, liegen auf der Hand: Als Sprachrohr und im Auftrag westlicher Imperialisten die Werktätigen der DDR zu verwirren, ihr Vertrauen zur Arbeiter- und Bauernmacht und zur SED, der marxistischen Kampfpartei der Arbeiterklasse, zu untergraben. Über Ihre Einstellung gibt es und kann es keine ideologischen Diskussionen mehr geben. Die Parteikontrollkommission und die Staatssicherheitsorgane werden sich mit Ihrem Fall noch beschäftigen.

Als Marx und Engels nach einer schwierigen und gefahrvollen Flucht endlich das westliche Flüchtlingslager erreicht hatten, atmeten sie auf. Sie waren glücklich, der Gefahr entronnen zu sein und nunmehr endlich die Möglichkeit zu haben, ihre Ansichten frei zu äußern. Aber ihre Freude war nur von kurzer Dauer. Als sie vor der ersten Flüchtlingskommission standen, da geschah das für sie Unfaßbare: Der Flüchtlingsausweis wurde ihnen verweigert, weil sie »Marxisten« seien. Erschreckt und bestürzt stellten Marx und Engels fest, daß sie mit Ulbricht und Konsorten auf eine Stufe gestellt wurden.

(1962)

Nachweis der Zitate

1 Marx, Brief an Wilhelm Blos, 10. November 1877
2 Engels an Marx, 13. Februar 1851
3 Häufiger Ausspruch von Marx, mitgeteilt von Friedrich Engels in einem Brief an Conrad Schmidt, 5. August 1890
4 Marx, Allianz der sozialistischen Demokratie, 1873
5 Engels, Brief an Becker, 1. April 1880
6 Engels, Die Bauernfrage in Frankreich und Deutschland, November 1894
7 Engels, Anti-Dühring, 1878
8 Engels, Die Bauernfrage in Frankreich und Deutschland, November 1894
9 Engels, a.a.O.

10 Marx, Bemerkungen über die neueste preußische Zensurinstruktion, Januar/Februar 1842
11 Marx, a.a.O.
12 Marx in der Neuen Rheinischen Zeitung, 28. Juni 1848
13 Marx in der Neuen Rheinischen Zeitung, 4. Januar 1843
14 Marx in der Neuen Rheinischen Zeitung, 12. Mai 1842
15 Marx in der Neuen Rheinischen Zeitung, 13. Mai 1842
16 Engels, Brief an Minna Kautsky, 26. November 1885
17 Engels, Brief an Margaret Harkness, Anfang April 1888
18 Marx in der Neuen Rheinischen Zeitung, 15. Mai 1842
19 Engels, Anti-Dühring, 1878
20 Engels, Vorarbeit zu Grundsätze des Kommunismus, 1847
21 Engels, Der deutsche Bauernkrieg, Juli 1874
22 Engels an Marx, 29. April 1870
23 Engels an August Bebel, 1. Mai 1891
24 Engels an August Bebel, 1. Mai 1891
25 Engels an Marx, 13. Februar 1851
26 Engels an Marx, 13. Februar 1851

Zensur für Sowjetfilm

Große Propagandakampagne in der DDR für den Film »Schlacht unterwegs« nach dem Roman von Galina Nikolajewa: An der Premiere der deutschen Fassung in Ost-Berlin nahmen neben Walter Ulbricht auch der sowjetische Regisseur Vladimir Bassow und die Hauptdarstellerin Natalja Fatejewa teil. Anschließend fand ein großer Empfang für die sowjetischen Gäste statt. Das SED-Zentralorgan *Neues Deutschland* berichtete, daß sich der sowjetische Regisseur sehr lobend über die deutsche Version seines Films geäußert habe.

Seit dieser festlichen Premiere werden Arbeitskollektive, Gewerkschafts- und FDJ-Gruppen immer wieder aufgefordert, diesen Film zu besuchen. Fast täglich veröffentlicht die sowjetische Presse enthusiastische Äußerungen über »Schlacht unterwegs«.

All dies wäre kaum einer Beachtung wert, wenn nicht kürzlich der Ost-Berliner Korrespondent der jugoslawischen Zeitung *Vjesnik Srijedu* etwas sehr Interessantes berichtet hätte. Aus dem Sowjetfilm, der in seiner ursprünglichen Fassung drei Stunden und zehn Minuten läuft, wurden – so der jugoslawische Journalist – auf Anweisung der SED-Führung alle antistalinistischen Szenen herausgeschnitten – insgesamt 40 Minuten. Auch die entscheidenden Szenen des Films, die nach dem jugoslawischen Bericht »eine sehr scharfe Kritik der unmenschlichen Bürokratie der Stalin-Ära« enthielten, sind in Ost-Berlin kurzerhand entfernt worden. Bei dem feierlichen

Empfang für den sowjetischen Regisseur und die Darsteller des Films habe keineswegs eine idyllische Atmosphäre geherrscht. Die freundliche Fassade von Blumen, Diners und Begrüßungen, so heißt es in dem Bericht, hätte die frostige Stimmung nicht verdecken können; die sowjetischen Gäste seien über die »Säuberung« ihres Films sehr enttäuscht gewesen.

Dies ist der Inhalt des zensierten Sowjetfilms: Unter Leitung des Sowjetdirektors Walgan wird aus den Ruinen des letzten Krieges wieder eine neue Traktorenfabrik aufgebaut. Äußerlich gesehen scheint alles sehr gut zu gehen. Die Wirtschaftspläne werden regelmäßig erfüllt, Walgan wird mehrfach mit Orden ausgezeichnet. Erst allmählich wird deutlich, daß irgend etwas nicht stimmt. Der Betriebsdirektor herrscht autoritär über seine »Untergebenen«, die vom Werk produzierten Traktoren gehen auf den Feldern schnell kaputt.

Mit dem XX. Parteitag im Februar 1956 spitzt sich die Situation zu. Walgan weigert sich, die neuen politischen Beschlüsse des Entstalinisierungs-Kongresses zu verwirklichen. Immer deutlicher entlarvt er sich als Prototyp eines Stalinisten. Um die Wirtschaftspläne nach wie vor »erfüllen« zu können, fälscht er die Produktionsziffern. Schließlich stellt er den Ingenieur Bachirew als Chefingenieur des Betriebes ein, um mit seiner Hilfe sein eigenwilliges Regime zu stärken. Bachirew, als »Reformtyp« der nachstalinistischen Ära dargestellt, will jedoch die Machinationen des stalinistischen Direktors nicht unterstützen. Zunächst hat er es allerdings nicht leicht: Walgan gelingt es, die Parteiorganisation gegen den reformfreudigen Ingenieur aufzubringen. Bachirew wird von seinem Posten abgesetzt und zum einfachen Arbeiter degradiert. Erst nach langen dramatischen Auseinandersetzungen – die in der sowjetzonalen Fassung gestrichen sind – gelingt der Umschwung. Der stalinistische Direktor Walgan wird abgesetzt, Bachirew zum Direktor des Betriebes ernannt.

Der Sinn des Sowjetfilms ist eindeutig: Ähnlich wie der Film »Klarer Himmel« sollte »Schlacht unterwegs« den Kampf zwischen dem alten Stalinisten und dem neuen, moderneren Funktionär der nachstalinistischen Ära zeigen. In der »gesäuberten« sowjetzonalen Fassung aber erscheint Ingenieur Bachirew nur noch als ein Vorkämpfer für moderne Technik und Erhöhung der Arbeitsproduktivität.

Sowohl die sowjetischen Hersteller des Films als auch der jugoslawische Korrespondent erkundigten sich mehrmals, warum alle dramatischen Szenen aus dem Film herausgeschnitten wurden. Von hohen SED-Funktionären erhielten sie die Antwort, in der Sowjetzone habe es angeblich nie solche Einstellungen und Fehler gegeben wie in der Sowjetunion. Außerdem befände sich die Sowjetzone »unter besonderen Bedingungen«. Die Vorführung der ungekürzten Fassung des Films hätte »die Bevölkerung der Sowjetzone zu überflüssigen Fragen ermuntert, die nicht leicht zu beantworten sind«.

(1962)

Der vergessene SPD-Gründer:
Erich W. Gniffke

Erich W. Gniffkes Lebensweg war der eines aufrechten Sozialdemokraten, der seine Hoffnung auf eine ehrliche Zusammenarbeit mit den Kommunisten mit der größten Enttäuschung seines Lebens bezahlen mußte.

Am 14. Februar 1895 in Elbing in Ostpreußen geboren, gehörte Gniffke der deutschen Sozialdemokratie schon vor dem Ersten Weltkrieg an. In den zwanziger Jahren war er Bezirksleiter der Gewerkschaft der Angestellten und Gauvorsitzer des Reichsbanners Schwarz-Rot-Gold in Braunschweig. »Damals war Otto Grotewohl Bezirksvorsitzender der SPD« – so erinnert sich Gniffke in seinen Memoiren –, »und aus unserer Zusammenarbeit entstand eine Freundschaft, die um so enger und fester wurde, als sie in einer Zeit schwerster Gefahr und Bedrohung stets Bewährungsproben bestehen mußte.«

Mit Bewährungsproben meinte Gniffke die Jahre der Hitler-Diktatur. In jener Zeit übernahm er den Alleinvertrieb der Heibacke-Herdöfen, eine Tätigkeit, die es ihm ermöglichte, vielen Sozialdemokraten, darunter auch Otto Grotewohl, Unterschlupf zu gewähren und die illegale SPD-Arbeit fortzusetzen. Im Sommer 1938 wurden Erich Gniffke und Otto Grotewohl unter dem Verdacht der Vorbereitung des Hochverrats in Berlin verhaftet und, an eine Kette gefesselt, in das braunschweigische Gefängnis Rennelberg transportiert. Dort verbrachte Erich Gniffke neun Monate in Einzelhaft. Auch nach seiner Haftentlassung stand er unter ständiger Polizeiaufsicht, die sich vor allem nach dem 20. Juli 1944 verschärfte.

Im Mai 1945 fanden in seinem Berliner Büro in der Bülowstraße 7 die Vorbesprechungen für die Neugründung der Sozialdemokratischen Partei in der Sowjetzone statt. Sein Name stand neben dem Grotewohls, als die Partei am 17. Juni 1945 mit ihrem Gründungsaufruf an die Öffentlichkeit trat. Drei Jahre später trennten sich die Wege der beiden Freunde für immer.

Unter dem unmittelbaren Eindruck des gemeinsamen schrecklichen Erlebens während der Hitler-Diktatur hatte Erich W. Gniffke gehofft, daß sich auch die Kommunisten gewandelt hätten und nunmehr eine Zusammenarbeit mit ihnen möglich sei. So hatte er zunächst die Gründung der SED im April 1946 unterstützt und dem aus 14 Mitgliedern bestehenden Zentralsekretariat angehört. Aber er blieb nicht wie die anderen SED-Führer im Parteihaus sitzen, sondern reiste durch das Land und erkannte bald den abgrundtiefen Widerspruch zwischen Propaganda und Realität. Immer wieder sprach er von der deutschen Arbeiterbewegung und von Bebel, fast niemals von Lenin und Stalin, und es blieb kein Geheimnis, daß Gniffke für einen von Moskau unabhängigen Kurs plädierte. Für ihn war Demokratie nicht nur ein taktischer Winkelzug.

In diesen Jahren kamen viele zu Erich Gniffke, um sich einmal vertrauensvoll auszusprechen und den Sorgen Luft zu machen. Aber dies erkannten auch die Apparatschiks um Ulbricht. Die Ernennung Gniffkes im März 1948 zum Vorsitzenden des Deutschen Volksrates bedeutete trotz des großsprecherischen Titels ein Abschieben auf einen Repräsentationsposten. Wenige Monate später erhielt ausgerechnet Gniffke den Auftrag, durch einen richtungsweisenden Artikel die bolschewistische Kritik und Selbstkritik in der Zone einzuführen.

Als er sich weigerte, begann der SED-Pressedienst eine scharfe Kampagne gegen ihn, der immer noch nominell der Parteiführung angehörte.

Die Enttäuschung über die zunehmende Sowjetisierung und den Ulbricht-Kurs führte Erich Gniffke in die offene Opposition, die in seiner Flucht in den Westen am 28. Oktober 1948 gipfelte. Die letzten Jahre verbrachte er als Fabrikant in der Eifel und als sozialdemokratischer Kreisvorsitzender in Daun. An der großen Politik nahm er nicht mehr aktiv teil, aber er blieb, was er stets gewesen war: ein aufrechter Mann, für den Demokratie und Humanität ein echtes Glaubensbekenntnis waren, für das er tapfer und mannhaft eintrat. Erich W. Gniffke starb am 4. September 1964 im Alter von 69 Jahren in Bad Kissingen an einem Herzinfarkt. (1964)

»Faschist« Tito
zu Besuch in Ost-Berlin

Die von Stalin, Molotow und Berija fabrizierte Kominform-Resolution gegen die jugoslawischen Kommunisten vom 28. Juni 1948 war kaum veröffentlicht, als die SED-Führung (obwohl nicht einmal Mitglied des Kominform) sich ausdrücklich mit dieser solidarisch erklärte. »Das Zentralsekretariat der Sozialistischen Einheitspartei hat . . . die erfolgte Verurteilung der Politik des Zentralkomitees der Kommunistischen Partei Jugoslawiens als richtig anerkannt«, hieß es in einer offiziellen Erklärung der SED-Führung vom 3. Juli 1948. Auf Anweisung Ulbrichts schaltete sich die SED schon im Juli und August 1948 aktiv in die antijugoslawische Kampagne ein. Noch mehr: Im September 1948 wurde die 13. Tagung des Parteivorstandes der SED mit dem einzigen Ziel einberufen, die jugoslawischen Kommunisten zu verdammen.

Nicht Pieck oder Grotewohl, sondern Ulbricht war es, der auf dieser 13. Tagung das »richtungweisende« Referat »Die Bedeutung der Entschließung des Informationsbüros über die Lage in der KP Jugoslawiens und die Lehren für die SED« hielt, das sich in erster Linie gegen Tito und in zweiter gegen Gomulka richtete. In seiner Rede dankte Ulbricht zunächst dem »Politbüro der KPdSU und besonders dem Genossen Stalin« dafür, »daß sie rechtzeitig die Fehler der KP Jugoslawiens enthüllt« hätten. Die Stalinsche Resolution gegen Tito und die jugoslawischen Kommunisten vom Juli 1948 wurde von Ulbricht als »ein bedeutender Beitrag zur Theorie des

Marxismus-Leninismus« gefeiert. Aber Ulbricht beschränkte sich nicht nur darauf, sondern griff von sich aus noch Marschall Tito an. Damals, im September 1948, behauptete Ulbricht, die »Gruppe Tito« sei »einem kleinbürgerlichen Nationalismus« erlegen, sie führe eine »antisowjetische liquidatorische Politik« und zeichne sich im übrigen durch »Größenwahn« aus. Damit sei die »Entartung der Führung der KP Jugoslawiens« bewiesen.

Nun erst, nach diesem von Ulbricht verkündeten Startschuß am 15. September 1948 begann ein erster Verleumdungsfeldzug gegen die jugoslawischen Kommunisten und besonders gegen Tito. Im November 1948 ließ Ulbricht ein offizielles Partei-Schulungsheft »Über die Entartung der Führung der Kommunistischen Partei Jugoslawiens« in mehr als 100 000 Exemplaren verbreiten, dessen Durcharbeitung auf allen Partei-Schulungsabenden in der ganzen Zone verpflichtend war. Es blieb nicht nur bei einer Verurteilung in der Propaganda. Alle jene, die sich für einen unabhängigen eigenen Weg zum Sozialismus eingesetzt hatten, sich mit den jugoslawischen Kommunisten solidarisch verbunden fühlten, ja vielleicht nur einige Male in Artikeln oder Referaten die jugoslawischen Kommunisten positiv erwähnt hatten, wurden nun degradiert oder gar »gesäubert«. Die Verurteilung Jugoslawiens und Titos wurde nun im Ulbricht-Staat genauso zu einem selbstverständlichen Ritual in jeder Rede und jedem Artikel wie die Verherrlichung Stalins. Wurde anfangs noch von »Fehlern« oder »Abweichungen« gesprochen, so galten seit dem Herbst 1949 die jugoslawischen Kommunisten bereits als »Agenten des amerikanischen Imperialismus«, und bis zum Sommer 1950 hatte die Ulbricht-Führung sogar das seltene Kunststück fertiggebracht, die jugoslawischen Kommunisten, die im Zweiten Weltkrieg an der Spitze des antifaschistischen Widerstandes ihres Landes gestanden hatten, als ... Faschisten zu bezeichnen!

Unmittelbar nach dem Ulbricht-Referat auf dem 3. Parteitag veröffentlichte die SED-Führung eine offizielle Entschließung des Parteitages, in der es wörtlich hieß: »Die Entartung der ehemaligen Kommunistischen Partei Jugoslawiens und der Übergang der Clique Tito-Rankovic zum Faschismus sind ein warnendes Beispiel für alle. Durch die Wachsamkeit der Kommunistischen und Arbeiterparteien, besonders der Kommunistischen Partei der Sowjetunion, gelang es, die besoldete Agentur des Imperialismus – Tito-Rankovic – zu entlarven. Sie haben im Auftrag ihrer Herren die volksdemokratische Ordnung in Jugoslawien liquidiert und das Regime eines antikommunistischen Polizeistaates faschistischen Typus errichtet . . . Die Prozesse gegen Rajk in Ungarn und Kostoff in Bulgarien haben den einwandfreien Beweis erbracht, daß die Tito-Clique im Auftrage und im Solde des anglo-amerikanischen Imperialismus in allen demokratischen und friedliebenden Ländern ein verzweigtes Netz von Agenten unterhält, die das schmutzige Handwerk der Kriegstreiber besorgen sollen.«

Damit waren nun nach Sprachregelung Ulbrichts die jugoslawischen Kommunisten plötzlich zu »Faschisten« geworden. Dies bürgerte sich auch in einer Vielzahl anderer SED-Veröffentlichungen ein. So wurde anläßlich des Umtauschs der SED-Mitgliedsbücher in einem Beschluß der SED-Führung vom 27. Oktober 1950 vor der »Tätigkeit der Agenten der faschistischen Tito-Clique« in Deutschland gewarnt. In einem offiziellen Begrüßungsschreiben der SED an die KP Triests vom 10. Februar 1951 hieß es: »Das Tito-Regime ist zu einer offenen faschistischen Agentur und zu einem hündisch ergebenen Werkzeug für die Verwirklichung der Welteroberungspläne des Dollarimperialismus und ein Feind der sozialistischen Sowjetunion geworden.«

In einem Begrüßungsschreiben der SED-Führung vom 9. März 1952 an Mátyás Rákosi beglückwünschte Ulbricht den (später abgesetzten und kritisierten) ungarischen KP-Chef dazu, daß »unter Deiner Führung« die »titoistischen Lakaien« in Ungarn »zerschmettert« worden waren. Wenige Monate später wurde auch in einer offiziellen Entschließung der 2. Parteikonferenz der SED (die vom 9. bis 12. Juli 1952 tagte) »das Verbrechen der Tito-Clique« und die »Gruppe Gomulka in Polen« gebührend gebrandmarkt. Am 20. Dezember schließlich, nur wenige Wochen vor Stalins Tod, hieß es in einer offiziellen Entschließung der SED-Führung: »Die Tito-Clique, diese Bande von Spionen und Mördern, muß immer wieder entlarvt werden.«

Vor dem offiziellen Besuch des jugoslawischen Staatspräsidenten Tito im Juni 1965 in Ost-Berlin stellen sich viele Beobachter gespannt die Frage, wie Walter Ulbricht politische Wiedergutmachung leisten will. In diesem Fall wäre wohl wirklich die Selbstkritik angebracht, die Ulbricht so oft grundlos von anderen verlangt hat. Er ist ja neben dem Albaner Enver Hodscha der einzige verbliebene Führer eines Ostblockstaates, der sich 1948 bis 1954 geradezu als Einpeitscher des Verleumdungsfeldzuges gegen Marschall Tito erwiesen hat.

(1965)

Moskauer Drehbuch: von Ulbricht zu Honecker

Walter Ulbricht, Erster Sekretär des Zentralkomitees der SED und Staatsratsvorsitzender, fuhr am 8. Februar 1971 in die Sowjetunion, gemeinsam mit seiner Frau. Am 9. Februar veröffentlichte die *Prawda* auf der Titelseite die Meldung, daß Ulbricht mit seiner Frau in Moskau eingetroffen sei und Gespräche mit dem sowjetischen Generalsekretär Breschnew geführt habe. Danach verbrachte Ulbricht mehrere Wochen in der Sowjetunion – es wurde jedoch niemals erwähnt, wo er sich eigentlich aufhielt. Am 14. März kehrte Ulbricht nach Moskau zurück und führte dort erneut ein langes Gespräch mit Breschnew. Über das Treffen berichtet die *Prawda* am nächsten Tag auf der Titelseite. Vieles spricht dafür, daß in diesen fünf Wochen Erich Honecker mit seinen Vertrauten, insbesondere wohl mit Paul Verner, die Vorbereitungen traf für einen zukünftigen Führungswechsel in der SED.

Zwei Wochen später, am 29. März 1971, fuhr eine Delegation der SED zum 24. sowjetischen Parteikongreß nach Moskau. Bei ihrem Eintreffen wurden die fünf höchsten SED-Führer in folgender Reihenfolge bekanntgegeben: Ulbricht als Erster Sekretär, Ministerpräsident Stoph, Erich Honecker an dritter Stelle, danach Hermann Axen und schließlich Paul Verner. Auf dem Kongreß berichtete Walter Ulbricht am 31. März über eine Begegnung mit Lenin auf dem 4. Kongreß der Kommunistischen Internationale am 23. November 1922 und brachte damit zum Ausdruck, daß von all den Tausenden von

Delegierten nur einer, nämlich er selbst, Lenin persönlich gekannt hatte. Allerdings handelte es sich um eine Übertreibung, denn Ulbricht hatte damals, im November 1922, kein direktes Gespräch mit Lenin geführt, sondern befand sich lediglich mit einer größeren Delegation zusammen mit Lenin im selben Zimmer. Ulbricht benutzte diese Erinnerung an Lenin, die eigene Rolle und gewisse Entwicklungen deutlich herauszustellen. So wies er darauf hin, daß die SED den Marxismus-Leninismus »auf die konkrete historische Situation in unserem Land angewandt« habe, unterstrich besonders die »wissenschaftlich-technische Zusammenarbeit« und verwies dabei wiederum auf Lenin, der damals behauptet habe, daß die russischen und die ausländischen Genossen »auf ihre Weise lernen« müßten. All dies lag in der bereits seit Monaten sichtbaren Tendenz, die DDR als Modell der industriell hochentwickelten Länder des Sozialismus herauszustellen – eine Tatsache, an der die damalige Moskauer Breschnew-Führung wohl kaum großes Interesse hatte.

Dies könnte die eigentümlichen Entwicklungen nach Ulbrichts Rede vom 31. März erklären. In der Zeit vom 31. März bis zum 8. April wurde Walter Ulbricht nämlich in der sowjetischen Presse nicht mehr erwähnt. Statt dessen stellte die sowjetische Presse in dieser entscheidenden Aprilwoche Erich Honecker stark heraus, darunter vor allem seine Reden in Magnitogorsk und in der Automobilfabrik Lichatschow in Moskau. Die Reihenfolge bei der Erwähnung der SED-Führer wurde in der Sowjetpresse verändert. Honecker erschien nun an erster Stelle, gefolgt von Ministerpräsident Willi Stoph, Paul Verner und als letztem Hermann Axen. Vor allem aber: in keinem Bericht wurde Ulbricht mehr erwähnt. Erst am 8. April hörte man erneut von ihm, aber nicht etwa einen Bericht über eine Rede, sondern den eigentümlichen Hinweis, Ulbricht habe die sowjetische Staatliche

Plankommission »Gosplan« besucht. Dort habe der Vorsitzende Baibakow Ulbricht deren Funktion erklärt. Ulbricht wurde damit zu einem Zuhörer degradiert, der von Baibakow aufgeklärt werden mußte, was staatliche Planung ist.

All dies zeigt, daß der SED-Führungswechsel vom 31. März bis 8. April in der Sowjetunion vorbereitet und durchgeführt wurde. Dies wurde kurz darauf anläßlich des 25. Geburtstages der Sozialistischen Einheitspartei Deutschlands am 21. April 1971 unterstrichen. Im Glückwunschschreiben des Zentralkomitees der KPdSU wurden nämlich nur Pieck und Grotewohl als Gründer der SED genannt, Walter Ulbricht aber, der die SED fast zwanzig Jahre lang geführt hatte, überhaupt nicht erwähnt. Damit war klar, daß Ulbricht bereits am 21. April aus der SED-Führung entfernt worden war, obwohl sein Rücktritt offiziell erst am 4. Mai bekanntgegeben wurde. (1971)

Die Ära Honecker
1971–1989

Der Zickzackkurs um die Wirtschaftsreform zeugt von dem Dilemma, die Wirtschaft mit allen Mitteln vorantreiben zu müssen, gleichzeitig aber die bürokratisch-zentralistische Diktatur über alle Lebensbereiche aufrechterhalten zu wollen.

Nachruf auf einen Stalinisten: Walter Ulbricht

Walter Ulbricht verkörperte Triumph und Tragik eines vom Stalinismus geprägten Führers. Nach erfolgreichem Aufstieg im Apparat war er ein Vierteljahrhundert der fast unumschränkte Herrscher der DDR, um schließlich im Frühjahr 1971 von dem einst von ihm selbst designierten Nachfolger mit fast den gleichen Methoden abgesetzt zu werden, die Ulbricht gegenüber seinen eigenen Mitkämpfern stets so erfolgreich angewandt hatte.

Walter Ulbricht gehörte zu jenen Funktionären stalinistischen Typs, die Mitte der zwanziger Jahre im kommunistischen Parteiapparat aufstiegen – zu einer Zeit, als die Revolutionäre von dem immer stärker werdenden bürokratischen Apparat verdrängt wurden. Willig, bereit und gehorsam führten die stalinistischen Funktionäre alle Anordnungen und Direktiven Stalins aus. Sie stellten keine Fragen und waren jederzeit bereit, alle diejenigen aus der Partei zu »säubern«, die kritische Fragen stellten. Selbst die überraschendsten Kehrtwendungen der Moskauer Generallinie konnten diesen Funktionären nichts anhaben; was aus Moskau kam, war richtig und mußte durchgeführt werden, koste es was es wolle.

Schritt für Schritt erklomm dieser Funktionärstyp die Stufen der Macht. Viele wurden auf diesem gefährlichen »Marsch durch die stalinistischen Institutionen« gesäubert und verschwanden in der Versenkung oder in den Arbeitslagern. Nur wenige gelangten bis zur obersten Spitze.

Zu ihnen gehörte Walter Ulbricht. Mehr als ein Jahrzehnt verbrachte Walter Ulbricht in der Emigration, im berühmten Hotel »Lux« in Moskau. Während Stalins großer Säuberung von 1936 bis 1938 wurden mehr als zwei Drittel aller ausländischen Kommunisten in der Sowjetunion verhaftet. Walter Ulbricht aber blieb verschont.

Im Frühjahr 1945, mit dem Vorrücken der sowjetischen Truppen, kam auch Ulbrichts Stunde. Am Morgen des 30. April 1945 flogen zehn deutsche Kommunisten unter Führung Ulbrichts – schon damals »Gruppe Ulbricht« genannt – aus Moskau nach Deutschland zurück. Der Aufbau neuer Verwaltungsorgane in den Berliner Bezirken, die Errichtung einer zentralen Berliner Stadtverwaltung und schließlich die Neugründung der Kommunistischen Partei Deutschlands (KPD) waren ihre wichtigsten Aufgaben. Als jüngstes Mitglied dieser Gruppe hatte ich die Gelegenheit, von Anfang Mai bis September 1945 Ulbricht unmittelbar aus nächster Nähe zu erleben.

Ulbricht privat

Ulbrichts hervorstechende Eigenschaften waren seine organisatorische Begabung, sein phänomenales Namensgedächtnis, sein Interesse für organisatorische Details, sein außerordentlicher Fleiß. Er konnte bis zu 16 Stunden am Tag arbeiten, schien die Namen von Hunderten von Funktionären im Kopf zu haben – und nicht nur die Namen, sondern auch ihre persönlichen Eigenschaften. Sein Organisationstalent, seine Beharrlichkeit und sein Namensgedächtnis ermöglichten es ihm, nach 1945 den Apparat neu zu errichten, dessen Repräsentant und Führer er werden sollte. Ständig die politische Linie und die Festigung seiner eigenen Macht vor Augen, verfügte er über einen außerordentlichen Instinkt, der ihm anzeigte, wo eventuelle Gefahren drohen könnten – eine

Fähigkeit, die es ihm ermöglichte, die gefährlichsten Klippen seiner Laufbahn zu umschiffen. So ausgeprägt sein politischer Instinkt war, so wenig existierten für ihn allerdings alle anderen Seiten des menschlichen Lebens.

Literatur und Kunst, Musik und Naturschönheiten existierten für ihn nicht – abgesehen von den wenigen Ausnahmen, wo dies für »die Partei« gerade zufällig einmal notwendig sein sollte. Auffallend und für mich selbst damals erschütternd war sein geringes Interesse für theoretische Probleme, auch und gerade für Probleme des Marxismus; sie beschäftigten ihn kaum. Organisation, Macht und taktische Erwägungen hatten bei ihm längst die marxistischen Ideale verdrängt – wobei sein Machtstreben mit Härte und Rücksichtslosigkeit in der Durchsetzung der Ziele gepaart war.

Unauslöschlich prägte sich mir die Kaltschnäuzigkeit und Härte ein, mit der Ulbricht nach 12 Jahren Emigration die ersten deutschen Genossen behandelte, die wir in Neukölln am 2. Mai 1945 wiedertrafen. Den idealistischen Berliner Genossen, die mehr als ein Jahrzehnt unter Hitler gelitten und gekämpft hatten, sprach die Freude, den Kampfgefährten aus Moskau wiederzusehen, aus ihren Augen. Ulbricht dagegen war völlig unberührt: für ihn waren sie nur Schräubchen der großen Maschine. Immer wieder wies er uns in den Mai- und Junitagen 1945 an, alle damals spontan gegründeten antifaschistischen Komitees und Ausschüsse sofort aufzulösen – alles, was nicht von oben organisiert und sanktioniert wurde, war Walter Ulbricht ein Greuel. Auch in den seltenen Stunden der Freizeit konnte Ulbricht sich nicht entspannen – Wärme und Natürlichkeit fehlten ihm. Sein verkniffenes Gesicht, sein Argwohn und Mißtrauen – aber auch sein Pflichtbewußtsein – schienen ihn niemals zu verlassen.

Gründe des Überlebens

So war es bisher auch nicht zufällig, daß Ulbricht zunächst in den Jahren des Umbruchs und erhofften Neubeginns im Schatten Piecks und Grotewohls stand, die beide über eine viel größere Ausstrahlungskraft verfügten. Erst Ende 1946, als der bürokratische Apparat errichtet war, stieg Ulbricht zum Spitzenführer auf. Als einzigem der 1945 von Stalin eingesetzten Funktionäre gelang es Ulbricht, sich über ein Vierteljahrhundert, von 1946 bis 1971, an der Macht zu halten. Ulbricht traf sich wiederholt mit Stalin; er verhandelte mit Stalins Nachfolgern Malenkow, Berija und Molotow; nach deren Sturz kam er wiederholt mit Chruschtschow zusammen, überlebte auch dessen Sturz, um schließlich mit Breschnew den Bruderkuß auszutauschen. Sowjetische Führer kamen und gingen – Ulbricht blieb.

Für dieses »Überleben« waren jedoch nicht nur Ulbrichts persönliche Eigenschaften maßgebend, sondern auch die besondere Situation in der DDR. Es war und ist allen Sowjetführern klar, von Stalin bis Breschnew, daß es sich bei der DDR um ein besonders gefährdetes, weit vorgeschobenes Gebiet handelt. »Der Kommunismus paßt zu den Deutschen wie der Sattel zu einer Kuh« hatte einst Stalin bemerkt. Mißstimmung, Unzufriedenheit und Protest der Bevölkerung waren nicht zu übersehen – und in einer solchen Situation erschien es dem Kreml ratsam zu sein, während des gefährlichen Rennens nicht die Pferde zu wechseln und sich auf jenen zu verlassen, der stets der Kreml-Führung treu gedient hatte.

Hinzu kam, daß Ulbricht jahrelang auch vom Westen unterschätzt wurde und mehrfache Gelegenheiten zu seiner Entmachtung ungenutzt vorübergingen. Zwei Beispiele: Im Januar 1946, während der damals vom Kreml gewünschten Vereinigung der KPD und SPD in der Sowjetunion schlug

Marschall Schukow in einem Gespräch mit dem sowjetzonalen SPD-Führer Otto Grotewohl vor, »sollten wir vielleicht Walter Ulbricht zurückziehen«? Die Kreml-Führung war damals, wenn auch nur für kurze Zeit, als sich Schwierigkeiten bei der Vereinigung zeigten, bereit, Walter Ulbricht fallenzulassen, um die Schaffung der SED voranzutreiben – ein Angebot, das allerdings sofort zurückgezogen wurde, nachdem es den sowjetischen Vertretern gelungen war, Otto Grotewohl als Führer der neuen SED einzuspannen.

Die zweite und noch größere Gefahr für Walter Ulbricht ergab sich im Frühjahr 1953, als die damalige sowjetische Führung ernsthafte Vorbereitungen traf, um durch weitreichende Konzessionen in der Sowjetzone den Weg zu einem neutralen Gesamtdeutschland zu ebnen. Ein Führungswechsel in der SED, der Sturz Walter Ulbrichts, seine Ersetzung durch Herrnstadt und Zaisser sollte diese Entwicklung einleiten. Monatelang wurde damals der Name Walter Ulbricht in der Sowjetpresse nicht mehr erwähnt. Zum 60. Geburtstag Walter Ulbrichts, am 30. Juni 1953, verzichtete die *Prawda* sogar zum ersten und einzigen Mal auf das sonst obligate Geburtstagsgrußschreiben und beschränkte sich auf einen ganz kurzen Hinweis, in dem Walter Ulbricht erstmals nicht als Erster Sekretär der Partei, sondern lediglich als »einer der Führer und Organisatoren der SED« bezeichnet wurde. In der DDR wurde damals, im Juni 1953, vom sowjetischen Bevollmächtigten Semjonow angeordnet, auf alle Jubiläumsfeierlichkeiten für Walter Ulbricht zu verzichten, ja bereits vorbereitete Glückwunschbücher wurden wieder eingestampft. Deutlicher konnte die sowjetische Absicht, Walter Ulbricht fallenzulassen, wenn es zu Deutschland-Verhandlungen kommen würde, nicht gemacht werden. Aber der Westen und auch die Bundesrepublik reagierten nicht, und Ulbricht konnte den tiefsten Punkt seiner Laufbahn überstehen.

Führer der DDR

Nun saß er fest im Sattel. Schon 1956 war Ulbricht wieder stark genug, die Entstalinisierung zu verhindern bzw. so weitgehend abzuschwächen, daß sie ihm nicht gefährlich werden konnte. Zwar verschwanden einige Bilder Stalins, und einige Straßen wurden umbenannt – aber das von Stalin übernommene System und sein führender Repräsentant, Ulbricht, blieben. Noch mehr, gerade während der Jahre der Entstalinisierung rechnete Walter Ulbricht sowohl mit einigen Widersachern in der Führung ab als auch mit allen Gruppierungen, die sich für eine Demokratisierung oder für einen humanistischen Sozialismus einsetzten. Die Bevölkerung stimmte inzwischen mit den Füßen ab – die Flüchtlingszahlen stiegen von Jahr zu Jahr.

So erreichten sie einen Höhepunkt, nachdem im Frühjahr 1960 Ulbricht noch die Kollektivierung in der DDR durchpeitschte. Mit der Errichtung der Berliner Mauer am 13. August 1961 hatte das Ulbricht-Regime eingestanden, daß es ihm nicht gelungen war, die Bevölkerung für sich zu gewinnen. Nur durch Mauer und Stacheldraht konnten die Menschen daran gehindert werden, das Land zu verlassen; jedem Anspruch, ein überlegenes »sozialistisches« System errichtet zu haben, war der Boden entzogen. Gleichzeitig aber konnte das Ulbricht-Regime sich nun sicherer fühlen, die Zügel fester anziehen – verbunden mit der Hoffnung, daß die übrige Welt sich bald an die neuen »Realitäten« gewöhnen oder diese gar anerkennen würde.

So war Ulbricht nach der Errichtung der Mauer sogar noch gestärkt, seine Geburtstage wurden nun mit großem Pomp gefeiert, Ulbricht verherrlicht. Seine gesteigerte Machtfülle im Rahmen des gesamten Ostblocks war nicht zu übersehen. Als einziger Ostblockführer, der sowohl die Säuberungen Stalins wie auch die Entstalinisierung überlebt hatte, trat er nun als ein, oft rechthaberischer, Lehrmeister auf. So drängte er auch, wie inzwischen von Erwin Weit, dem damaligen Dolmetscher Gomulkas bestätigt wurde, bei allen Verhandlungen mit sowjetischen und anderen Ostblockführern auf einen harten Kurs und ein militärisches Eingreifen gegen die Reformpolitiker des Prager Frühlings. Von der Mitschuld an der Invasion und Okkupation der Tschechoslowakei am 21. August 1968 kann Walter Ulbricht nicht freigesprochen werden.

So unbestritten seine stalinistische Laufbahn, so bedeutsam ist aber auch die Wandlung in den letzten Jahren seiner Herrschaft. Ulbricht erkannte, mehr als viele andere SED-Funktionäre, die neuen Aufgaben, die mit dem wirtschaftlich-technischen Aufschwung vor der DDR standen. Aus dem stalinistischen Parteifunktionär wuchs er mehr und mehr in die Rolle eines Landesvaters hinein, bestrebt, die Parteibürokratie mit den Wirtschaftskräften und der Technokratie der DDR zu versöhnen, ja eine Synthese dieser Kräfte zu verwirklichen. Zu Entscheidungen zog Ulbricht nun in zunehmendem Maße Ingenieure, Techniker und Wissenschaftler heran, und wiederholt hatte er nun Schwierigkeiten mit sturen dogmatischen Parteifunktionären, die eine härtere Linie vertraten als er. Mit seiner neuen These vom »entwickelten gesellschaftlichen System des Sozialismus« befürwortete er eine sachbezogene Leistungsgesellschaft, förderte die Informationstheorie, Datenverarbeitung und Kybernetik. Die Heranziehung der neuen technokratischen Kräfte wurde durch seine These von der »sozialistischen Menschengemeinschaft« unterstrichen, die er an die Stelle der früheren Klassen (lies: Partei)-Betrachtung setzte.

Ulbricht erkannte auch, daß sich die DDR, nicht zuletzt durch den wirtschaftlich-technischen Aufschwung, ein zunehmendes Eigengewicht im Rahmen der sowjetischen Machtsphäre errungen hatte. Der treue Gefolgsmann Moskaus wandelte sich zum selbstbewußten Führer der DDR, der zwar stets in entscheidenden Fragen den »großen Bruder« unterstützte, aber auch eigene Macht- und Zielvorstellungen deutlich zum Ausdruck brachte. Seit Ende der sechziger Jahre versuchte Ulbricht, wenn auch zunächst vorsichtig, sich aus dem Moskau-Peking-Konflikt herauszuhalten und war offensichtlich bestrebt, einen »rumänischen Weg« zu gehen, eine Autonomie im Rahmen des Ostblocks für die DDR zu erreichen.

Sturz in dosierter Form

Ulbrichts Intentionen blieben jedoch in Moskau nicht unbemerkt, um so mehr als sie in eine Zeit fielen, da die sowjetische Führung ihre »Öffnung nach dem Westen« durch eine verstärkte Unterordnung im eigenen Block absichern und sich daher mehr denn je auf einen absolut verläßlichen Führer in Ost-Berlin stützen wollte – ein Vorhaben, das bei Erich Honecker, der es sicher satt hatte, ewig im Schatten Ulbrichts als zweiter Mann zu stehen, auf entsprechenden Widerhall stieß.

Ulbricht unterschätzte, erstmalig, die ihm drohende Gefahr. Am 29. März 1971 fuhr er, an der Spitze einer SED-Delegation, zum 24. Parteikongreß nach Moskau. Zwei Tage später, am Abend des 31. März 1971, hielt er seine wohl entscheidendste Rede. Als einziger Ostblockführer (mit Ausnahme von Ceausescu) verzichtete er auf die obligate Verdammung Pekings und erinnerte die sowjetischen Parteitagsdelegierten – auch und gerade die Sowjetführer –, daß er, Ulbricht, bereits 1922 mit Lenin zusammengetroffen sei. Lenin war es, der damals gesagt habe, daß auch »russische Genossen auf ihre Art lernen müssen«.

Dies sollte Ulbrichts letzte eigene Rede sein. (Über Einzelheiten seiner Entmachtung habe ich im letzten Kapitel berichtet.) Am 3. Mai 1971 erklärte Walter Ulbricht auf der 16. Plenartagung des Zentralkomitees, er habe »nach reiflicher Überlegung« – ein Hinweis für ein längeres »Tauziehen« oder sogar auf einen Druck – sich entschlossen, auf die Funktion des Ersten Sekretärs der Partei zu verzichten. Selbst eine weitere Demütigung blieb ihm nicht erspart; Walter Ulbricht mußte nun selbst vorschlagen, »den Genossen Erich Honecker zum Ersten Sekretär des Zentralkomitees zu wählen«.

Zwar wurde Walter Ulbricht in Verehrung seiner Verdienste, wie es hieß, noch zum »Vorsitzenden der SED« gewählt – ein Amt, das es im Parteistatut gar nicht gibt – und durfte noch ausländische Würdenträger empfangen. Macht- und kraftlos mußte Ulbricht aber erleben, wie seine ersten, leider nur zaghaften Schritte eines neuen innen- und außenpolitischen Kurses, seine Konzeptionen von der sozialistischen Menschengemeinschaft und vom entwickelten gesellschaftlichen System rückgängig gemacht, sein Versuch, einen »rumänischen Weg« einzuschlagen, durch einen eindeutigen prosowjetischen Kurs ersetzt wurden.

Ulbricht galt nun als »Unperson«. In politisch-ideologischen Schriften und Schulungsbroschüren wurden Ulbrichts Zitate ausgemerzt, die Veröffentlichung seiner Reden und Aufsätze eingestellt, Briefmarken mit seinem Porträt aus dem Verkehr gezogen. Ulbricht verlor seinen Sitz im Verteidigungsrat und im Oktober 1972 sogar seinen Vorsitz im Staatsrat der DDR. Das Ulbricht-Stadion und die Ulbricht-Akademie wurden umbenannt, und zu seinem 80. Geburtstag, am 30. Juni 1973, durfte er nicht einmal jene Personen einladen, die er selbst wünschte – dafür war nun das Protokoll-Amt zuständig.

So hatte Ulbricht nun ein Schicksal ereilt, das er in seinem Leben so häufig anderen zugeteilt hatte. Ohnmächtig mußte er zusehen, wie Erich Honecker die Früchte des mühseligen Weges nun als eigene Erfolge einheimsen konnte – die offizielle diplomatische Anerkennung der DDR durch die Mehrzahl der Staaten der Welt. Ulbricht hatte Triumph und Tragik eines vom

Stalinismus geprägten Führers erlebt. Er wurde von demselben System gestürzt, dem er sein ganzes Leben gedient und das er selbst in einem Drittel Deutschlands errichtet hatte. Walter Ulbricht starb am 1. August 1973 im Alter von 80 Jahren.

(1973)

Reformen – auch in der DDR?

Die Entwicklung in der DDR verlief seit 1945 im allgemeinen ähnlich wie in den übrigen osteuropäischen Ländern. Auch in der DDR führte der Weg über die Bodenreform und die Verstaatlichung der Industrie zum Aufbau eines »volksdemokratischen« Systems. Die Kommunistische Partei spielte die entscheidende Rolle, wenn auch zunächst andere Parteien im Rahmen eines »antifaschistischen Blocks« mitwirkten und auch später noch nominell existierten. Ab 1948 wurde auch in der DDR, wie in den anderen Ländern des Ostblocks, der politische Kurs verschärft.

Neben den grundlegenden Übereinstimmungen gab es in der DDR aber einige Besonderheiten im Vergleich zu den anderen osteuropäischen Ländern:

Bei der DDR handelt es sich nicht um ein Land, sondern um ein Teilgebiet eines Landes, so daß es für die Kommunisten nach 1945 wesentlich schwieriger war, die nationale Karte zu spielen und sich als Vorkämpfer der nationalen Unabhängigkeit auszugeben.

Die DDR war nach dem Ende des Zweiten Weltkriegs ein besetztes Land, in dem die sowjetische Kontrolle noch schärfer und härter war als in den anderen osteuropäischen Ländern.

Die Politik der Kommunistischen Partei und später der SED war von der allgemeinen Deutschlandpolitik und den Ost-West-Beziehungen der Großmächte abhängig (zum Beispiel Berliner Blockade 1948).

Der Widerstand der Bevölkerung war besonders stark und kam im Volksaufstand vom Juli 1953 deutlich zum Ausdruck, dem ersten Ausbruchsversuch im Rahmen des Ostblocks, bei dem die Industriearbeiterschaft die entscheidende Rolle spielte.

Die Entstalinisierung wurde in der DDR auf das absolute Mindestmaß reduziert, die DDR-Führung unter Ulbricht benutzte den seit Ende der fünfziger Jahre wachsenden eigenen Spielraum der Politik nicht im Sinne der Mäßigung, sondern umgekehrt zur Durchführung eines besonders harten Kurses, wobei in zunehmendem Maße die SED-Funktionäre die Rolle des dogmatischen Schulmeisters gegenüber anderen kommunistischen Ländern und Parteien spielten.

Die Hauptfrage bei allen Prognosen über die künftige Entwicklung der DDR konzentriert sich auf das Problem, wann, wie und unter welchen Umständen eine Liberalisierung und Demokratisierung des Systems in der DDR möglich sein könnte. In manchen Prognosen wird dies mit der Frage verbunden, welche Politik vom Westen, vor allem auch von der Bundesrepublik Deutschland, eingeschlagen werden müßte, um eine solche Entwicklung zu erleichtern.

Bei der ersten Prognose über die Zukunft der DDR wird eine Lockerung und Entkrampfung des Systems dadurch erhofft, daß man vom Westen aus ganz allgemein der DDR entgegenkomme. Völlig unklar bleibt dabei aber, wer eigentlich mit »der DDR« gemeint ist – die Parteiführung, die Staatsverwaltung, die Funktionäre, die Parteimitglieder, die Intelligenz oder die Bevölkerung? Eine zweite Prognose geht davon aus, daß die technologische Modernisierung in der DDR allmählich dazu führt, daß die Parteibürokraten durch technologisch geschulte, politisch neutralere Kräfte ersetzt werden. Dies werde dann zu einer Verbesserung der Situation führen. Allerdings werden dabei, so scheint mir, die Wirkungsmöglichkeiten und Zielsetzungen von technokratischen Fachkräften zu hoch, ihre Integration in das System zu gering eingeschätzt.

Ein »langer Reifeprozeß«?

Eine dritte Richtung unter den Experten unterscheidet innerhalb der SED selbst zwischen den diktatorischen Kräften und Stalinisten auf der einen und den liberalen Reformern auf der anderen Seite. Für die weitere Zukunft erwarten die Anhänger dieser Richtung, daß diese Kräfte unter bestimmten Bedingungen über die Stalinisten den Sieg davontragen und eine Liberalisierung und Demokratisierung einleiten könnten.

Interessanterweise wird diese Auffassung vor allem von Menschen vertreten, die entweder selbst in der DDR leben oder zumindest lange Jahre in der SED oder im Staatsapparat tätig waren, ehe sie in den Westen kamen. Sie kennen die Situation also aus eigenem Erleben, so etwa Werner Barm, der von 1952 bis 1969 leitender Funktionär des SED-Regimes, darunter einige Jahre auch Kreisratsvorsitzender (entspricht dem westdeutschen Landrat) des DDR-Grenzkreises Osterburg-Altmark war. Barm floh im August 1969 in den Westen.

In seiner Voraussage geht es Barm darum, daß das bürokratische System durch einen »Sozialismus, der den Idealen breiter Bevölkerungskreise entspricht und die Massen überzeugt«, ersetzt wird. Seiner Auffassung nach denken viele Menschen in der DDR so wie er:

»Meine 23jährige Praxis im Führungsmechanismus der DDR verpflichtet mich zu dieser Aussage: Das Verlangen nach einer Demokratisierung des Sozialismus, die Sehnsucht nach Freiheit war nie tot! Nicht im DDR-Staatsvolk, nicht in der mitteldeutschen Intelligenz, nicht unter der heranwachsenden Jugend und auch nicht unter der 1,9-Millionen-Mitgliedermasse der SED. Der Wille nach Entbürokratisierung und

Reform des Regimes geht bis hoch in die Hierarchie hinein... Die SED-Praxis schreit nach Reform, und in der Staatspartei gibt es viele potentielle Reformer. Noch können sich die Dubčeks in der SED nicht zu erkennen geben. Die Doktrinäre gehen gnadenlos mit ihnen um. Aber es gibt sie. Wie 1953 bei der Einführung des neuen Kurses fast die ganze Staatspartei ja sagte, wie 1963 mit dem Neuen Ökonomischen System des Sozialismus viele von einer echten Korrektur des schwerfälligen Lenkungsmechanismus träumten, so würde die Parteimasse heute begeistert mitgehen, ginge man an die Reformierung des SED-Kommunismus, an seine Verknüpfung mit Freiheit und Demokratie heran.«

Die innere Entwicklung in der DDR müsse man als »langen Reifeprozeß« sehen, meint Barm. Die reformwilligen Kräfte in der SED und DDR müßten wissen, daß sie Freunde besäßen: »Wie sonst sollten die Dubčeks auch hinter Elbe und Werra eines Tages Namen tragen?«

Ich verhehle nicht, daß mir diese Prognose am ehesten einleuchtet. Tatsächlich sind in den östlichen Ländern – auch und gerade in den herrschenden Staatsparteien und weitgehend sogar in den Machtapparaten – starke Reformströmungen vorhanden. Ihre Ziele sind realistisch; sie gehen von tatsächlich existierenden Widersprüchen und Gegensätzen aus. Die Tatsache, daß das gegenwärtige bürokratische Machtsystem im tiefen Widerspruch zur Realität der modernen Industriegesellschaft steht, ist auch in herrschenden Parteikreisen Osteuropas bekannt. Selbst die eigenen ökonomischen Zielsetzungen der Führung können im Rahmen des gegenwärtigen ökonomischen und politischen Systems offensichtlich nicht verwirklicht werden. Der Zickzackkurs um die Wirtschaftsreform seit fast zwei Jahrzehnten zeugt von dem Dilemma, die Wirtschaft mit allen Mitteln voranzutreiben zu müssen, gleichzeitig aber die bürokratisch-zentralistische Diktatur über alle Lebensbereiche aufrechterhalten zu wollen. Dies erweist sich als unmöglich.

Gewiß sind in der jüngsten Geschichte schon mehrere Versuche, neue Formen des »menschlichen Sozialismus« zu entwickeln, durch Gewalt von außen unterbunden worden, so am 21. August 1968 in der Tschechoslowakei. Das heißt jedoch nicht, daß es in Zukunft keine solchen Entwicklungen in Osteuropa mehr geben wird. Im Gegenteil, die Voraussetzungen und die Kräfte für Reformentwicklungen sind vorhanden. Die Tatsache, daß diese Kräfte gegenwärtig nicht oder nur begrenzt erkennbar und wirksam sind, ist kein Gegenargument. Immer wieder hat sich gezeigt, daß diese Strömungen plötzlich zum Durchbruch kamen, repräsentiert von Persönlichkeiten, an die vorher kaum jemand gedacht hätte. So war es bei Imre Nagy in Ungarn, so bei Alexander Dubček in der Tschechoslowakei.

Die Zahl der Technokraten in den Ostblockländern wird zwar wahrscheinlich zunehmen, sie werden jedoch kaum die Rolle einer »Gegenelite« spielen und für die politische Wandlung des Systems nur von begrenzter Bedeutung sein. Technokraten werden stets zum größten Teil vom System absorbiert. In dem einen oder anderen Fall könnte diese technokratische Elite bei einer Reformentwicklung wohl eine gewisse Rolle spielen, aber kaum könnte sie je die tragende Kraft sein.

Der Durchbruch einer Reformströmung im Sinne einer Neuauflage des »Prager Frühlings« wird in erster Linie jeweils von der inneren Situation und der Kräftekonstellation in einem Lande abhängen. Aber auch die internationale Situation und das Verhalten der übrigen Welt spielen eine wichtige Rolle. In diesem Sinne wird auch viel vom Westen abhängen. Eine Rückkehr zum kalten Krieg würde mit Sicherheit jede Reform des Systems erschweren, weil sie es den diktatorisch-stalinistischen Kräften ermöglicht, weiten Kreisen der Bevölkerung das

Gefühl zu vermitteln, in einer »belagerten Festung« zu leben. Umgekehrt können aber auch zu weitgehende Zugeständnisse an die gegenwärtigen Führungen der mit der Sowjetunion verbündeten Länder Osteuropas (einschließlich der DDR) die Reformkräfte hindern. Ein zu großes Entgegenkommen würde dazu führen, daß die gegenwärtig regierenden bürokratisch-diktatorischen Kräfte gestärkt werden; mit Hilfe westlicher Zugeständnisse würde es ihnen gelingen, ihr internationales Ansehen zu steigern und die ökonomischen Schwierigkeiten leicht zu überwinden. Damit entfiele für sie jede Notwendigkeit zu ökonomischen (und auch sonstigen) Reformen. Im Vollgefühl ihrer Macht würden sie sich allen Reformen entgegenstellen und nur zu gern bereit sein, die Reformkräfte um so schärfer zu unterdrücken.

Bei allen Erklärungen und Maßnahmen des Westens sollte stets überlegt werden, wem solche Aktivitäten nützen – den diktatorischen Stalinisten oder den Reformkräften in den jeweiligen Ländern. Es wäre begrüßenswert, wenn man bei allen Entspannungsbemühungen stets deutlich zu erkennen gäbe, daß man sich der Bedeutung der potentiellen Reformkräfte in Osteuropa und in der DDR bewußt und diese durch die eigene Politik zu unterstützen bereit ist. Darüber hinaus muß die Koppelung aller entscheidenden Entspannungsschritte mit menschlichen Erleichterungen, mit wachsenden Möglichkeiten für die Menschen Ost- und Westeuropas, sich begegnen zu können, ihre Auffassungen und Ideen auszutauschen, eine selbstverständliche Voraussetzung einer solchen Politik sein. (1975)

Ratschlag nach dreißig Jahren: Mehr Freiheiten!

Die Wahlniederlage der SED in Berlin am 20. Oktober 1946, die ich übrigens in der Redaktion des SED-Zentralorgans *Neues Deutschland* miterlebte, war für mich, wie für die meisten meiner politischen Gefährten, ein schwerer Schock. Ich zog damals die Schlußfolgerung, daß dies die Quittung für die Zusammenarbeit der SED mit der sowjetischen Besatzungsmacht war, die uns bei der Bevölkerung als »Russenpartei« erscheinen ließ. Ich hoffte damals, die SED-Führung würde nun ihre Selbständigkeit unterstreichen und einen eigenen, den deutschen Bedingungen entsprechenden Weg zum Sozialismus in den Vordergrund stellen.

Leider geschah das genaue Gegenteil: Die Bindungen an die sowjetische Besatzungsmacht wurden immer enger, die These vom »besonderen deutschen Weg zum Sozialismus« trat in den Hintergrund, die Stalinsche Sowjetunion wurde immer lauter gepriesen. Schritt für Schritt, aber unübersehbar, wurde seit 1946 unter Führung Ulbrichts ein zentralistisch-bürokratisches Machtsystem errichtet – das nicht nur gegen die Bevölkerung, sondern zunehmend auch gegen selbständige und kritische Mitglieder und Funktionäre in der SED eingesetzt wurde. Erschreckt begann ich in dem Jahr 1947 bis 1948 zu erkennen, daß die Sowjetzone Deutschlands sich immer mehr der Sowjetunion Stalins anglich – eine Erkenntnis, die mich im März 1949 zur Flucht nach Jugoslawien führte.

In den dreißig Jahren nach 1949 hat sich die DDR dank sowjetischer Rückendeckung und der diplomatischen Anerkennung durch die Bundesrepublik und den Westen international etabliert. Das Verhältnis zwischen Parteiführung und Bevölkerung war jedoch weiterhin durch Mißtrauen gekennzeichnet. Auch in der jüngeren Generation wurden die kritischen Stimmen immer zahlreicher und lauter. Die Perspektive für die SED-Führung ist düster. Darüber können auch alle Jubelfeiern nicht hinwegtäuschen. Gewiß ist von den Bürgern der DDR im Laufe von dreißig Jahren unter Schwierigkeiten, Leiden und Entbehrungen vieles geschaffen worden, und es entwickelte sich zunächst ein gewisser »DDR-Stolz«, aber der anfängliche Optimismus der Aufbauphase ist längst verflogen.

Von den großen Plänen der vergangenen Zeiten, die Bundesrepublik wirtschaftlich einzuholen und zu überholen, ist heute keine Rede mehr. Die wirtschaftlichen Schwierigkeiten sind gerade in den letzten Jahren gewachsen. Noch immer gibt es ernsthafte Versorgungsschwierigkeiten. Die riesige aufgeblähte staatliche Wirtschaftsbürokratie und die kleinliche Reglementierung hemmten die Initiative und bremsten die wirtschaftlich-technische Entwicklung.

Die Mündigen der DDR werden immer noch ständig dirigiert, bevormundet und kontrolliert. Alle selbständigen Meinungsäußerungen, selbst Reformvorschläge wie etwa die von Robert Havemann, die durchaus als konstruktive Kritik zu werten sind – werden unterdrückt. Trotz des international gestiegenen Gewichts der DDR steht das Land nach wie vor unter sowjetischer Vorherrschaft.

Daher lautet mein Ratschlag an die SED: Erleichterung bringt nur die Einführung einer Liberalisierung und Demokratisierung im Inneren der DDR und eine gewisse Verselbständigung. Dies würde vor allem bedeuten: Abbau des diktatorischen Systems – vor allem der Straforgane; Amnestien und

Haftentlassungen; eine Lockerung der Reisebeschränkungen; eine schrittweise Entwicklung zu einer Pressefreiheit; die ungehinderte Möglichkeit freier Aussprachen in Kultur, Kunst und Wissenschaft.

Eine solche, vielleicht anfangs sogar von oben gesteuerte Liberalisierung und Demokratisierung würde in der DDR-Bevölkerung eine Welle von Hoffnungen erzeugen, ihre Initiative und Aktivität auch im wirtschaftlichen Bereich anspornen und den Zwiespalt zwischen Regime und der Bevölkerung beträchtlich vermindern. Gleichzeitig würde das Prestige der DDR, vor allem bei einer wünschenswerten gewissen außenpolitischen Verselbständigung, sich im Weltmaßstab beträchtlich steigern.

Selbstverständlich würde sich dies auch auf das innerdeutsche Verhältnis auswirken. Liberalisierung und Demokratisierung würden nicht nur den Bestrebungen, Wünschen und Hoffnungen der DDR-Bevölkerung entsprechen, sondern auch neue Beziehungen zwischen den beiden deutschen Staaten eröffnen. Eine solche Entwicklung in der DDR würde unzweifelhaft zum Abbau der Stacheldrahtverhaue und Tötungsanlagen, zur Schleifung der Berliner Mauer führen, zu einem ungehinderten freien Miteinander der Menschen von Ost und West. (1979)

Zwangsumtausch
oder die Angst vor der Entspannung

Der am 9. Oktober 1980 von der DDR-Führung verkündete erhöhte Zwangsumtausch auf 25 DM pro Tag ist ein erneutes Beispiel dafür, daß die herrschenden Führungen der Ostblockstaaten (einschließlich der DDR) vor nichts zurückschrecken – auch nicht vor dem Bruch abgeschlossener Verträge –, um ihre bürokratische Diktatur aufrechtzuerhalten und den Kontakt von Menschen brutal zu unterbinden.

Was bewog die Honecker-Führung zu diesem Schritt? Die jüngste menschenfeindliche Maßnahme der DDR-Machthaber ist offensichtlich in engster Koordinierung mit der Sowjet-Führung in Moskau erfolgt. Bereits wenige Tage nach der verkündeten Erhöhung des Zwangsumtausches erhielt Ost-Berlin von der *Prawda* die entsprechende Schützenhilfe.

Die Erhöhung des Zwangsumtausches spiegelt die Furcht der Machthaber Ost-Berlins wider, daß die zunehmenden menschlichen Kontakte ihren diktatorischen Würgegriff schwächen und daß in der Bevölkerung Hoffnungen auf Verbesserungen und Erleichterungen entstehen könnten. Dabei haben die progressiven Entwicklungen in Polen – die davon zeugen, was eine kampfbewußte Bevölkerung einem Regime abtrotzen kann – für die DDR-Führung sicher eine wichtige Rolle gespielt.

Nach der Errichtung der Mauer im August 1961 und der anschließend installierten Tötungs- und Selbstschußanlagen soll nun, nach dem Wunsch der Machthaber in Ost-Berlin, die

DDR-Bevölkerung weitgehend von der Außenwelt abgeriegelt werden. Mit der Erhöhung des Zwangsumtausches werden dabei in erster Linie die sozial Schwächsten getroffen – diejenigen, die beim besten Willen diese Summe für einen Tagesaufenthalt nicht aufbringen können. Die Führer des »real existierenden Sozialismus« verbieten es den Armen, ihre Verwandten zu besuchen, und lassen solche Besuche zu einem Privileg der Begüterten werden.

Da es sich um einen Bruch des Helsinki-Abkommens handelt, wird die jüngste Ost-Berliner Maßnahme auf der Madrider Nachfolgekonferenz der KSZE behandelt werden. Ob und welche Wirtschaftsmaßnahmen erfolgen, läßt sich noch nicht erkennen. Die Notwendigkeit, alle geeigneten Mittel anzuwenden, um den Vertragsbruch der Ost-Berliner Machthaber zu vereiteln, und alles zu tun, um die Zwangsumtauschquote wieder zu verringern, dürfte in allen politischen Kreisen unumstritten sein.

Wenige Tage nach der Erhöhung des Zwangsumtauschs hielt Erich Honecker seine nur als Scharfmacherei zu wertende Rede in Gera, verbunden mit wissentlich unerfüllbaren Forderungen an die Bundesrepublik. Aber hinter dem forschen, selbstbewußten, fast herausfordernden Auftreten Honeckers war die innere Unsicherheit, auch die Angst zu spüren. Honecker ist sich wie die übrigen Führer der Oststaaten wohl bewußt, daß die polnische Erneuerungsbewegung für soziale Rechte und demokratische Freiheiten auf die Dauer nicht auf Polen zu beschränken bleibt. Die sich abzeichnende Nachfolgekrise im Kreml könnte – auch dies ist den Kreisen des östlichen Establishments bewußt – der auslösende Funke für ähnliche Bewegungen in anderen osteuropäischen Ländern sein.

Darin liegt die tiefere Ursache für die Nervosität der herrschenden bürokratischen Schicht, für ihre fast verzweifelt anmutenden Anstrengungen, jegliche menschliche Erleichterungen zu unterbinden. Die drastische Erhöhung des Zwangsumtausches der Ost-Berliner Führung ist damit kein »Betriebsunfall« und geht auch weit über die deutsch-deutschen Beziehungen hinaus. Es wäre bedauerlich, wenn sich in den nächsten Wochen die Diskussionen in der Bundesrepublik ausschließlich auf dieses Einzelereignis konzentrieren würden. Der Schritt der DDR-Führung kann nicht isoliert, sondern sollte im Zusammenhang der gesamten Entspannungspolitik gesehen werden.

Niemand wird bestreiten, daß seit 1969, dem Beginn jener Phase, die allgemein als »Entspannung« bezeichnet wird, auch für die Menschen im Osten vieles erreicht worden ist. Unzweifelhaft aber bleibt, daß in der gleichen Periode die Sowjetführung ihre Aufrüstung beschleunigte, die Besetzung Afghanistans vollzog und die Unterdrückungsmaßnahmen in der DDR, der Tschechoslowakei und der Sowjetunion verschärft wurden – andere Schauplätze, in Afrika und Asien, noch nicht einmal erwähnt.

Abkehr von Illusionen

Die schweren Rückschläge in der Entspannung, zu der die DDR jetzt beigetragen hat, sind nicht zu übersehen. Die Alternative jedoch lautet nicht »Fortsetzung der Entspannung« oder »Rückfall in den kalten Krieg«; es geht vielmehr um die Abkehr von übertriebenen Hoffnungen und optimistischen Illusionen, es geht um den Übergang zu einer nüchternen Entspannungspolitik, die sich der Schwierigkeit der Aufgaben bewußt ist und Rückschläge in ihre eigenen Überlegungen einbezieht.

Für die deutsche Ostpolitik scheinen mir vor allem folgende Aspekte von Bedeutung zu sein.

1. Bei aller Notwendigkeit, auch in Zukunft mit den Führungen der Ostblockstaaten zu verhandeln, darf die Existenz der

bürokratisch-diktatorischen Unterdrückungssysteme dieser Länder weder verharmlost noch beschönigt werden. Die Schwierigkeiten in den Beziehungen zur DDR und einiger anderer Ostblockstaaten liegen nicht, wie manchmal angenommen, in der unterschiedlichen Wirtschaftsordnung – »sozialistische« versus »kapitalistische« Länder –, sondern vielmehr in dem tiefen Gegensatz zwischen Diktatur und Demokratie.

2. Es kommt mehr denn je darauf an, zwischen den herrschenden Führungen auf der einen und den Bevölkerungen auf der anderen Seite zu unterscheiden. Gierek (oder jetzt Kania) ist nicht Polen. Honecker ist nicht die DDR, Breschnew nicht die Sowjetunion und Husák nicht die Tschechoslowakei. Eine Ostpolitik kann sich nicht nur auf Verhandlungen mit den (diktatorischen) Führungen und auf Abkommen großer Firmen beschränken. Es gilt, das komplexe, oft widersprüchliche Bild der Gesellschaft dieser Länder vor Augen zu haben, die Unterschiede zwischen Führung und Bevölkerung zu verdeutlichen, die verschiedenartigsten Strömungen und Kräfte dieser Länder in Rechnung zu stellen.

3. Deutsche Ostpolitik kann nicht statisch sein, sich ausschließlich auf den gegenwärtigen Zustand und die gegenwärtigen Führungen konzentrieren, sondern muß dynamisch angelegt sein und weitreichende Wandlungen – auch ernste Auseinandersetzungen, Erschütterungen und dramatische Führungswechsel in den Oststaaten – in ihre Überlegungen mit einbeziehen.

4. Maßstab für den Erfolg deutscher Ostpolitik ist nicht die Zahl gegenseitiger Staatsbesuche oder abgeschlossener Verträge, sondern vor allem, wieweit es gelingt, menschliche Erleichterungen zu erzielen. Dabei geht es nicht nur um Ausreisen, sondern vor allem um die Erhöhung der Zahl der Besuchsreisen sowie den ungehinderten Empfang westlicher Rund-

funksendungen, die für Millionen Menschen im Ostblock die einzige Öffnung zur Welt darstellen.

Bei den zu erwartenden verschärften Auseinandersetzungen zwischen Reformern und bürokratischen, sprich diktatorischen Kräften in den Oststaaten müssen sich westliche Regierungen und ihre führenden Repräsentanten äußerste Zurückhaltung auferlegen. Die Reformbewegungen in den Oststaaten sind ausschließlich Angelegenheit dieser Völker. Die notwendige Zurückhaltung westlicher Regierungen darf jedoch keineswegs eine allgemeine Leisetreterei und Passivität der westlichen Öffentlichkeit gegenüber den Entwicklungen in der DDR und Osteuropa bedeuten.

5. Die öffentliche Meinung in den demokratischen Ländern des Westens hat das Recht, sich mit all jenen Kräften im Osten zu solidarisieren, die sich für demokratische Freiheit und soziale Rechte, für eine Liberalisierung und Demokratisierung ihrer Systeme einsetzen. Dazu gehören vor allem das »Komitee für gesellschaftliche Selbstverwaltung« in Polen, die Helsinki-Gruppen in der Sowjetunion und die »Charta 77« in der Tschechoslowakei sowie die Forderung, daß Andrej Sacharow von seinem Exil in Gorki wieder nach Moskau zurückkehren und dort ungehindert seine Ansichten vertreten kann.

Je größer das Interesse der Weltöffentlichkeit für die Tätigkeit der aktiven Reformer, der sogenannten »Dissidenten«, um so mehr werden diese vor Repressionen des Regimes geschützt. Entgegen einer weit verbreiteten Behauptung schadet unser Interesse ihnen nicht, sondern hilft ihnen, kann sie mitunter gar vor einer Verhaftung schützen oder nach einer Verhaftung die Bedingungen ihrer Haft beträchtlich erleichtern.

6. Entspannung und Liberalisierung sind keine Gegensätze, sie bedingen einander. Alle Entwicklungen, die zu einer Abkehr vom bürokratisch-diktatorischen Zentralismus führen, eine Öffnung der Gesellschaft beinhalten, soziale Rechte

und demokratische Freiheiten erweitern, entsprechen sowohl den dringend nötigen gesellschaftlich-ökonomischen Notwendigkeiten als auch vor allem den Wünschen, Hoffnungen und Sehnsüchten der Bevölkerung dieser Länder.

Eine Liberalisierung im Osten liegt gleichzeitig im direkten Interesse der Fortsetzung einer Ost-West-Entspannung. Alle bisherigen Schwierigkeiten und gefährlichen Rückschläge in den Ost-West-Beziehungen lagen nicht in den Verhältnissen zwischen den Völkern begründet, sondern ausschließlich in der Existenz bürokratisch-diktatorischer Systeme, in der Furcht ihrer herrschenden Gruppen, Macht und Privilegien einzubüßen.

Nur größere demokratische Rechte und Freiheiten im Sinne einer Liberalisierung und Demokratisierung in den europäischen Oststaaten schaffen die Voraussetzung, von der gegenwärtigen, unsicheren, widerspruchsvollen, durch ständige Rückschläge bedrohten und fast ausschließlich auf Abkommen mit den Führungen konzentrierten Entspannung schrittweise zu einer gesicherten, festen, weitreichenden Entspannung von morgen zu kommen, die sich auf gutnachbarliche Beziehungen der Völker gründet. (1980)

Fünf Vorschläge zur Deutschlandpolitik

Eine Antwort an Günter Gaus

Nach Günter Gaus müssen wir von zwei überlebten Konzeptionen Abschied nehmen:

Erstens von hergebrachten nationalliberalen Vorstellungen über die Identität der Nation und der Erwartung der Wiederherstellung eines Bismarckschen Einheitsreiches und zweitens von einer in gewissen linken Bewegungen erhofften baldigen Veränderung der Paktsysteme, einer Auflösung des Warschauer Pakts und der NATO sowie der Möglichkeit, von daher auch den Status quo in der deutschen Frage überwinden zu können.

An die Stelle dieser überlebten Konzeptionen setzt er die sogenannte »Stabilitätsthese«, die besagt, daß die Bundesrepublik »die DDR als einen starken Partner« braucht. Zu einer »relativen Entspannung, zu einer relativen Normalisierung« gehören nach seiner Auffassung »auf beiden Seiten Partner, die sich stark fühlen«. Vor allem langfristig sei es notwendig, »die DDR in unserem politischen Verhalten, im politischen Denken, Trachten und Fühlen als einen gleichberechtigten Dauerpartner zu akzeptieren«.

Die von Gaus immer wieder gebrauchten Begriffe »Partner«, »starker Partner« und »Dauerpartner« lassen stets die entscheidende Frage offen, ob er die DDR-*Bevölkerung* oder das DDR-*Regime* meint. Selbstverständlich ist die DDR-Bevölkerung unser Partner und Dauerpartner; genauso selbstverständlich kann davon beim DDR-Regime keine Rede sein. Tatsächlich erwähnt Gaus in dem langen Gespräch mit keinem Wort, daß es sich bei der DDR um eine Diktatur handelt, um ein Unterdrückungssystem, in dem die menschlichen Rechte und Freiheiten eingeschränkt, die Menschen kontrolliert, einem ideologischen Monopol ausgesetzt, Meinungs- und Pressefreiheit, Versammlungs- und Glaubensfreiheit sowie Freiheit der Ausreise mißachtet werden.

Ausgehend von dieser fatalen Gleichsetzung von Demokratie und Diktatur, der demokratischen Bundesrepublik und des diktatorischen DDR-Regimes sowie der nicht minder fatalen Gleichsetzung von DDR-Regime und DDR-Bevölkerung, folgt bei Gaus der entscheidende Trugschluß in den deutsch-deutschen Beziehungen.

Nach seiner Auffassung läge es im eigenen Interesse des Westens (und der Bundesrepublik), das diktatorische System der DDR so stark wie möglich zu machen. Dies ist eine Abart der verbreiteten fragwürdigen Theorie, wonach der demokratische Westen angeblich an einer »Stabilisierung« östlicher Diktaturen interessiert sein sollte – und dies dann auch für die DDR gelten müsse. Je gefestigter sich die DDR-Führung fühle, je stärker ihre wirtschaftliche Position, so lautet diese fragwürdige These, desto wahrscheinlicher werde die SED-Führung zu einem kooperativ entgegenkommenden Verhältnis zwischen den beiden deutschen Staaten bereit sein. Daher müsse man, so die Schlußfolgerung, das Selbstbewußtsein der SED-Führung und den SED-Staat wirtschaftlich stärken und politisch Verständnis und Entgegenkommen zeigen. Dann, und nur dann, würden sich, dieser Auffassung zufolge, die deutsch-deutschen Beziehungen entkrampfen und verbessern, und auch im Innern würde die DDR-Führung zu gewissen Lockerungen bereit sein.

Diese Konzeption ist sowohl weltanschaulich-moralisch unannehmbar als auch realpolitisch schlichtweg falsch. Sie ist weltanschaulich-moralisch unannehmbar, weil es niemals die

Aufgabe einer Demokratie sein kann, ein diktatorisches Regime wirtschaftlich und politisch zu stärken und sich damit mitschuldig an der Unterdrückung der Bevölkerung zu machen, aufblühende Emanzipationsbewegungen der Bevölkerung gegen die Diktatur zu schwächen, das heißt auf der Seite der Unterdrücker und gegen die Unterdrückten zu stehen.

Die Konzeption ist gleichzeitig aber auch realpolitisch falsch. Die Geschichte kommunistischer Machtsysteme (sowohl in der Sowjetunion als auch in Ost- und Zentraleuropa) hat immer wieder gezeigt, daß ihre Führungen nur durch ökonomische Sachzwänge oder politischen Druck seitens der Bevölkerung zu Konzessionen und zu einer Liberalisierung bereit waren – während umgekehrt die gleichen Führungen in Situationen wirtschaftlicher und politischer Stabilität, bei einseitigen Konzessionen von außen ihre erhöhte eigene Selbstsicherheit zur Schau stellten und den Unterdrückungscharakter des Regimes drastisch verstärkten.

In den siebziger Jahren haben wir gerade bei der DDR-Führung dafür einen neuen Beweis. Außenpolitisch ist die DDR-Führung aufgewertet worden; sie erhielt diplomatische Anerkennung, wurde Mitglied der Vereinten Nationen, gehört einer Vielzahl internationaler Organisationen und Konventionen an, erhielt ihre Souveränität und Unverletzlichkeit der Grenzen auch von der Bundesrepublik anerkannt und schließlich noch eine mehrjährige Verlängerung des »Swing«. Nach der von Günter Gaus verbreiteten Theorie müßte eigentlich das Selbstbewußtsein der Partei- und Staatsführung der DDR bereits seit langem erheblich gestärkt worden sein und damit ihre Bereitschaft sowohl zu innenpolitischen Lockerungen (darunter Pressefreiheit, Ausreise- und Versammlungsfreiheit) als auch zur Entkrampfung der deutsch-deutschen Beziehungen gestiegen sein.

Davon kann aber keine Rede sein. Gerade in den späten siebziger und frühen achtziger Jahren erlebten wir wieder eine verstärkte Politik der Abgrenzung und den erhöhten Zwangsumtausch mit seinen negativen Folgen für den innerdeutschen Reiseverkehr. Eine eventuelle noch weitergehende Nachgiebigkeit in der Zukunft – etwa in der Frage der Anerkennung einer besonderen DDR-Staatsbürgerschaft oder einem völligen Verzicht auf die deutsche Einheit – würde die Unterdrückung nur noch mehr verstärken und die DDR-Führung ermuntern, noch neue und weitere Forderungen gegenüber dem Westen zu erheben. Deshalb meine Schlußfolgerungen:

Erstens – In der Deutschland-Frage sollte man sich auf qualitative Wertmaßstäbe besinnen und die demokratische Bundesrepublik nicht mit dem diktatorischen DDR-System auf eine Stufe stellen.

Zweitens – Bei der Beurteilung der DDR sollte man unmißverständlich zwischen System und Land, zwischen Führung und Bevölkerung, Unterdrückern und Unterdrückten differenzieren.

Drittens – Verhandlungen und Gespräche mit der DDR-Führung sollten ohne Illusionen, ohne Verharmlosung und Beschönigung ihres Systems, ohne Zeitdruck, ohne Erfolgszwang und ohne einseitige Vorleistungen geführt werden.

Viertens – Verhandlungen sollten in der klaren Erkenntnis geführt werden, daß es nicht im Interesse einer demokratischen Bundesrepublik (und schon gar nicht im Interesse der Sozialdemokratie!) sein kann, in der DDR ein Regime aufrechtzuerhalten oder gar zu stärken, das unseren eigenen freiheitlichen Überzeugungen widerspricht.

Fünftens – Offen aussprechen, was wirklich ist, und offen für eine Deutschlandpolitik eintreten, die zwei miteinander verbundene Ziele verfolgt: Schritte auf dem Wege zur Wiedervereinigung und menschliche Erleichterung in der DDR selbst, durch Erweiterung der Freiräume, Liberalisierung und Demokratisierung.

Die Verbesserung der deutsch-deutschen Beziehungen und die Lockerung des DDR-Systems hängen nicht nur miteinander zusammen, sondern sind untrennbar miteinander verbunden. (1982)

Regisseur des Mauerbaus: Erich Honecker

Meine erste Begegnung mit Erich Honecker fand am 10. Mai 1945 statt. Ich war wenige Tage zuvor mit der »Gruppe Ulbricht« aus Moskau eingetroffen, und unser damaliges Büro befand sich in der Prinzenallee 80 in Berlin-Friedrichsfelde, im Ostteil der Stadt.

Am 10. Mai traf eine Gruppe von »Brandenburgern« ein – den früheren Häftlingen des Zuchthauses Brandenburg. Zu ihnen gehörte auch der damals 33jährige Erich Honecker. Zwischen den aus Moskau zurückgekehrten Emigranten und den »Brandenburgern« gab es ein herzliches, aber leider nur kurzes Wiedersehen. Man ging schnell zur Arbeit über. Ulbricht entschied: Honecker soll für die bald wieder zu gründende KPD die Jugendarbeit übernehmen.

Am 2. Juli 1945, nach dem Eintreffen Wilhelm Piecks und anderer Emigranten aus Moskau, war Erich Honecker erneut für längere Zeit in der Prinzenallee. »Es gibt viele Tage in meinem Leben, die ich nicht vergessen werde«, schrieb Honecker später in seinen Memoiren, »dazu gehört der 2. Juli 1945.«

Hier fand das Wiedersehen mit Wilhelm Pieck statt – und die Arbeit für Honecker wurde konkretisiert. Er sollte die Bildung »antifaschistischer Jugendausschüsse« in der gesamten Sowjetzone vorbereiten, während Heinz Keßler (Verteidigungsminister der DDR) die gleiche Arbeit in Berlin übernehmen sollte.

Damit begann der Aufstieg Erich Honeckers in der Sowjetzone und späteren DDR. Fast alle Artikel über Honecker konzentrieren sich auf die Gespräche mit ihm in den letzten Jahren oder sein Heimatgefühl für seinen Geburtsort im Saarland.

Es scheint jedoch notwendig, an das entscheidende Vierteljahrhundert, von Kriegsende bis Anfang der siebziger Jahre, zu erinnern, das für Erich Honeckers Persönlichkeit und seinen Aufstieg ausschlaggebend war. Drei Perioden stehen dabei im Vordergrund.

Die erste umfaßt seine Funktion als Jugendführer. Bei der Gründung der Freien Deutschen Jugend (FDJ) Pfingsten 1946 in Brandenburg wurde er zum Vorsitzenden gewählt. Da die FDJ damals zunächst noch einen überparteilichen Anstrich hatte, erschien Honecker als gegebener Kandidat. Er war absolut KP-linientreu, aber im Vergleich zu dem etwas säuerlich-bürokratischen Walter Ulbricht mit seiner Fistelstimme wirkte Honecker lebensnäher und aufgeschlossener; vor allem hatte er keine Schwierigkeiten, mit den Jugendlichen schnell Kontakt zu knüpfen.

In den neun Jahren, in denen Erich Honecker an der Spitze der FDJ stand (Frühjahr 1946 bis Mai 1955), vollzog sich jedoch eine gewisse Wandlung. Die FDJ wurde immer mehr zu einer Hilfsorganisation der herrschenden SED. Auch Honeckers Reden wurden allmählich etwas »partei-bürokratischer«, verknüpft mit der damals üblichen Stalin-Verherrlichung, die Honecker, offensichtlich aus innerster Überzeugung, aktiv förderte. Das entscheidende Erlebnis für ihn war der Volksaufstand vom 17. Juni 1953. Heinz Lippmann, sein damaliger Stellvertreter, berichtete, daß sich Honeckers Auftreten und Wesen zu verändern begann. Er wirkte verschlossener, schien mißtrauischer und witterte überall Verrat.

Mit dem Besuch eines Lehrgangs an der sowjetischen Parteihochschule in Moskau (Sommer 1955 bis Sommer 1956) begann seine zweite Phase: der Übergang vom Jugend- zum Parteifunktionär.

Nach seiner Rückkehr aus Moskau übernahm Honecker im Zentralkomitee-Sekretariat den Bereich Sicherheit und war damit viele Jahre lang verantwortlich für die Streitkräfte, die Polizei, die Grenzpolizei und den Staatssicherheitsdienst.

Honecker, seit Juni 1958 Mitglied des Politbüros und kurz darauf auch Sekretär des »Nationalen Verteidigungsrates«, war damals ein getreuer, ja engster Gefolgsmann Walter Ulbrichts.

Ihr Zusammenwirken zeigte sich auch beim Bau der Berliner Mauer im August 1961. Ulbricht hatte zwar das Konzept der Mauer entwickelt und mit der Sowjetführung abgestimmt, aber die gesamten organisatorischen und militärischen Vorbereitungen sowie die entsprechenden Sicherheitsmaßnahmen für die Errichtung der Mauer lagen in den Händen Erich Honeckers. In den sechziger Jahren wuchs er in die Rolle eines Allround-Parteiführers und Stellvertreters Walter Ulbrichts hinein, wurde zu einem der führenden Repräsentanten des bürokratisch-diktatorischen Regimes, der vom Marxismus-Leninismus und vom Bündnis mit der Sowjetunion völlig überzeugt war und dies in seinen Handlungen zum Ausdruck brachte.

Gegenüber dem »Prager Frühling« von 1968 war Honecker äußerst kritisch; die Teilnahme von DDR-Truppen an der sowjetischen Besetzung der Tschechoslowakei am 21. August 1968 wurde von ihm öffentlich gerechtfertigt.

Vom Jugendführer zum Staatsratsvorsitzenden

Mit der Ablösung Ulbrichts und der Ernennung Erich Honeckers zum Ersten Parteisekretär der SED im Mai 1971 begann die dritte Periode in Honeckers Laufbahn.

Seit Mai 1976 SED-Generalsekretär und gleichzeitig auch Vorsitzender des Staatsrates, wandelte sich Honecker zunehmend vom reinen SED-Parteifunktionär zum führenden Repräsentanten des DDR-Staates. Er löste sich allmählich vom Schatten seines früheren Mentors Ulbricht, entwickelte seinen eigenen Stil und stellte die selbständigen Komponenten der DDR stärker heraus.

Die internationale Anerkennung der DDR Anfang der siebziger Jahre und die gesteigerte wirtschaftliche Rolle der DDR im Ostblock gaben dazu die Voraussetzungen. Die absolute Bündnistreue zur Sowjetunion stand für Honecker nie außer Zweifel, aber die frühere untertänige Losung »Von der Sowjetunion lernen heißt siegen lernen« verschwand.

In den folgenden Jahren wurden seine Bestrebungen deutlicher, die Beziehung zur Bundesrepublik zu entkrampfen, darunter auch durch eine Lockerung der Besuchsreisen von DDR-Bürgern in die Bundesrepublik – ein begrüßenswerter Fortschritt, der jedoch leider nicht als Recht verankert ist, sondern vom Wohlwollen der Behörden und dem Wohlverhalten der DDR-Bürger abhängt.

Gleichzeitig wurde das Bestreben der Honecker-Führung deutlich, die historische deutsche Tradition stärker zu betonen. Herausstellung und Würdigung Luthers und Bismarcks, ja sogar Friedrichs des Großen sollten einerseits dem Regime eine historische Legitimation verleihen, stellten andererseits aber auch gewisse Selbständigkeitsaspekte gegenüber der Sowjetunion dar.

Der eigene Spielraum der DDR-Führung wurde allerdings nicht zur Unterstützung der Reformvorstellungen Gorbatschows benutzt, sondern im Gegenteil: eine gewisse Skepsis, ja deutliche Zurückhaltung gegenüber »Glasnost« und Reformdiskussionen in der Sowjetunion war unverkennbar.

So wurden besonders weitreichende Reformerklärungen Gorbatschows in der DDR-Presse nicht veröffentlicht. Beim Besuch Gorbatschows in der DDR anläßlich des 11. Parteitages der SED im April 1986 fielen die Unterschiede besonders auf. Während Gorbatschow offen über Mängel, Mißstände und Schwierigkeiten sprach, zu neuen Wegen und zu Reformen aufrief, wollte Honecker das Erreichte konservieren. Die SED-Führung machte deutlich, daß sie zu öffentlichen Diskussionen über bestehende Mängel und zu Reformen nicht bereit ist.

(1987)

Wiedersehen mit Erich

Honecker in der Bundesrepublik

Für mich hatte der Besuch Erich Honeckers in der Bundesrepublik eine besondere persönliche Note. Das erste Mal bin ich ihm am 10. Mai 1945 begegnet, an dem Tag, an dem er mit anderen früheren Häftlingen des Zuchthauses Brandenburg in Berlin eintraf. Bis zu meiner Flucht aus der Sowjetischen Besatzungszone sahen wir uns mehrfach – ich berichte an anderer Stelle darüber –, meist beim Zentralrat der Freien Deutschen Jugend in der Kronenstraße oder in der Redaktion der »Jungen Welt« sowie bei den FDJ-Kongressen, vor allem dem »II. Parlament der FDJ« in Meißen im Frühjahr 1947.

Vierzig Jahre später kam Honecker als Staatsratsvorsitzender in die Bundesrepublik Deutschland, und ich hatte wiederholt Gelegenheit, ihn zu sehen und zu beobachten. Zwei Aspekte erscheinen mir vor allem bemerkenswert zu sein: seine Ankunft in Bonn, der große Empfang, das Abspielen der DDR-Hymne und das Aufziehen der DDR-Fahne. Sein Gesichtsausdruck verriet nicht, was er sicher fühlte: die Erfüllung eines langjährigen politischen Wunsches. Es handelt sich um einen beachtlichen Prestigegewinn.

Aber genauso muß ein zweiter Eindruck unterstrichen werden: Während Erich Honecker in den ersten beiden Tagen in Bonn noch steif, gehemmt, ja manchmal etwas unsicher wirkte, begann er sich während der Reise durch die Bundesrepublik – in Düsseldorf, Wuppertal, Essen, in Trier und im Saarland – zu verändern. Er wurde zunehmend sicherer und trat lockerer und entspannter auf. Man sah ihm an, daß ihm die Reise in die Bundesrepublik zusagte, er sich gut fühlte, wohl auch von manchem beeindruckt.

Während seiner Reise konnte er die unterschiedlichen Stimmungen der Bevölkerung bemerken: von Zustimmungsäußerungen auf der einen Seite zu immer wiederkehrenden deutlich ausgedrückten Forderungen nach Menschenrechten in der DDR und dem wiederholten Ruf »die Mauer muß weg« auf der anderen Seite. Seine Erklärung im Saarland über seinen Wunsch, daß die Grenzen einmal nicht Grenzen der Trennung sein dürften – und diesen entscheidenden Satz sprach er aus dem Stegreif –, dürfte seine gewandelten Erkenntnisse aufgrund seiner Eindrücke in der Bundesrepublik zum Ausdruck gebracht haben.

Allerdings würde ich vor zu großer Euphorie warnen. Wenn heute zuweilen schon von einem »Durchbruch« gesprochen wird, dürfte es sich dabei wohl mehr um eine gewünschte Zielsetzung, aber noch nicht um die erreichte Realität handeln. Der Honecker-Besuch in der Bundesrepublik war ein Zeichen der Entkrampfung und ein wichtiger Schritt auf dem Wege zur Normalisierung – mehr nicht. Aber auch das ist schon sehr viel. Zu einem wirklichen Durchbruch in den deutsch-deutschen Beziehungen kann es erst dann kommen, wenn die Absichtserklärungen zur Realität werden, Ausreisen und Besuchsreisen nicht mehr vom Wohlwollen der Behörden und dem Wohlverhalten der DDR-Bürger abhängen, sondern als Recht verankert sind, wenn es zu einem geregelten Zeitungsaustausch kommt, wenn die Städtepartnerschaften sich nicht nur auf Beamte und Funktionäre beschränken, sondern im weiten Umfang ungehinderte Begegnungen von Menschen der beiden deutschen Staaten ermöglichen.

All dies würde aber auch innere Reformen in der DDR selbst voraussetzen: mehr Diskussionsfreiheit, offene kritische Betrachtungen über die Vergangenheit und über die gegenwärtigen Probleme, die Bereitschaft zu Reformen, die Verselbständigung der »Blockparteien« gegenüber der SED, die Unabhängigkeit der Justiz, ein starkes Eigengewicht einer künftig demokratisch zu wählenden Volkskammer, die Befreiung der Medien, der Kultur und Wissenschaft von der Bevormundung durch die herrschende Staatspartei und damit, vor allem, größere Freiräume für die Bürger der DDR.

Erst wenn sich in der DDR Reformen vollziehen, dann würden sich die deutsch-deutschen Beziehungen schnell verbessern, dann würde der »Durchbruch« erfolgen und die »Koalition der Vernunft« zur Realität werden. (1987)

Die sowjetischen Reformen und die DDR

Vier Thesen vom Juli 1989

These 1: Die Sowjetreformen sind nicht nur auf eine wirtschaftliche Effizienz gerichtet, sondern auf einen allgemeinen Umbau des Systems.

Seit Mitte der achtziger Jahre vollzieht sich in der Sowjetunion ein gewaltiger Reformprozeß. Der Ausgangspunkt dieser Entwicklung war ökonomischer Natur. Das zunehmende wirtschaftliche Zurückbleiben, vor allem im Bereich der Technologie, und die permanente Landwirtschafts- und Versorgungskrise hatten außerordentliche Ausmaße angenommen. Mit Gorbatschows Ankündigung einer »radikalen Wirtschaftsreform« sollte das überlebte, verkalkte, aufgeblähte bürokratisch-zentralistische Wirtschaftssystem überwunden und ein wirtschaftlicher Aufschwung erreicht werden.

Aber schon seit dem 27. Parteitag vom 25. Februar bis 5. März 1986, auf dem Gorbatschow seine neuen Konzeptionen von »Perestroika« und »Glasnost« verkündete, war es klar, daß der sowjetische Reformprozeß weit über das Ziel einer ökonomischen Effizienz hinausgeht. Innerhalb der Sowjetführung war erkannt worden, daß eine weitreichende Wirtschaftsreform nicht isoliert von anderen Reformen durchgeführt werden kann. Eine Lockerung und gründliche Reorganisation des politischen Systems – einschließlich neuer Wahlverfahren, einer größeren Rolle des Parlaments, einer Aufwertung staatlicher Organe gegenüber der herrschenden Partei – war (und ist) unabdingbar, um das System moderner, elastischer und flexibler zu gestalten. Rechtsstaatliche Sicherungen sind nötig, damit die Bürger selbständig handeln und eigene Entscheidungen treffen können. Offene Diskussionen im Sinne von »Glasnost« sind unabdingbar, denn ohne Aussprechen von Mängeln, Schwierigkeiten und Rückschlägen, kritische Vergangenheitsbewältigung sowie freie Meinungsäußerungen über Ausmaß, Richtung und Tempo der Reformen sind diese nicht zu verwirklichen.

Der sowjetische Reformprozeß geht somit weit über den engen wirtschaftlich-technologischen Rahmen hinaus; es handelt sich darum, das gesamte System moderner, elastischer, flexibler, transparenter, aktiver und effektiver zu gestalten.

Glasnost und Perestroika in der Sowjetunion haben unzweifelhaft die ungarischen Reformen beflügelt und auch für Polen eine wichtige Rolle gespielt. In allen ost- und mitteleuropäischen Ländern verstärkt sich der Druck aus der Bevölkerung, die grundlegende Veränderungen will.

These 2: Die gegenwärtige DDR-Führung verhindert bisher alle Reformen, aber es gibt wichtige Faktoren, die dafür sprechen, daß sich in Zukunft auch in der DDR Reformen durchsetzen werden.

Bisher ist die DDR von den Reformentwicklungen in Ungarn, der Sowjetunion und in der Volksrepublik Polen abgeschottet worden. Gewiß hat die Honecker-Führung wesentliche Reise-Erleichterungen geschaffen, aber innerhalb der DDR gibt es heute weder Glasnost noch Anzeichen einer Perestroika.

In der Kulturpolitik, der Vergangenheitsbewältigung, im Rechtssystem, der führenden Rolle der Partei, dem Wahlsystem, in der Stellung zu den Kirchen ist in der DDR alles beim alten geblieben. Während in Ungarn Grenzbefestigungsanlagen abgebaut werden, bleiben an den Grenzen der DDR

Stacheldraht und Mauer. Erich Honecker erklärte Anfang Januar 1989 sogar, daß die Mauer für die nächsten fünfzig oder hundert Jahre bestehen bliebe.

Aber es besteht kaum ein Zweifel daran, daß die Reformen bald auch auf die DDR übergreifen; damit würden sich neue Chancen und Möglichkeiten für die deutsch-deutschen Beziehungen und die Lösung der deutschen Frage ergeben.

Dies sind keineswegs nur vage Hoffnungen, sondern dafür gibt es bedeutsame Anzeichen:

1. Auch in der DDR gibt es ökonomisch-technologische Sachzwänge, die eine weitreichende und tiefgreifende Wirtschaftsreform erforderlich machen. Obwohl die gegenwärtige Wirtschaftssituation in der DDR etwas besser ist als in der UdSSR, ist der Rückstand der DDR gegenüber den westlichen Industrieländern in den letzten Jahren gewachsen. Eine Wirtschaftsreform läßt sich auf die Dauer nicht mehr lange hinausschieben.

2. Auch für die DDR gilt – wie für alle kommunistisch regierten Länder –, daß eine Wirtschaftsreform nicht isoliert von einer gesamten Systemreform verwirklicht werden kann. Dies bedeutet eine Reform des politischen Systems, eine größere Beteiligung der Bürger am politischen und gesellschaftlichen Leben, rechtsstaatliche Sicherungen, eine Offenheit der Massenmedien, freie Diskussionen über Vergangenheit und Gegenwart, eine weitreichende Lockerung im kulturellen Leben, eine tolerante Einstellung zu den Kirchen und eine ungehinderte Tätigkeit von informellen Gruppen und Vereinigungen.

3. Die Bürger der DDR bringen in den letzten Jahren zunehmend Selbständigkeit und Selbstbewußtsein zum Ausdruck. Sie lassen sich nicht mehr alles gefallen, nicht mehr in allem von oben reglementieren. Sie sprechen offen über die Mängel des Systems und verlangen, gehört zu werden. Neben den

ökonomisch-technologischen Sachzwängen spielt der Druck von unten eine immer größere Rolle.

4. Erstmals in der Geschichte des Kommunismus vollzieht sich ein Reformprozeß nicht mehr nur in einem Lande, sondern gleichzeitig (wenn auch mit unterschiedlichen Schwerpunkten und unterschiedlichem Tempo) in der Sowjetunion, in Ungarn und Polen. Die DDR-Führung gerät immer mehr in die Isolierung.

5. Schließlich – bewußt an die letzte Stelle gesetzt – spielt der sich bereits heute abzeichnende Führungswechsel eine Rolle. Die DDR-Führung ist total überaltert; weitreichende personelle Veränderungen in der Führung lassen sich nicht mehr lange aufschieben. Generalsekretär Erich Honecker und Chefideologe Kurt Hager werden 77, Ministerpräsident Willi Stoph ist 75, der für internationale Fragen zuständige Hermann Axen 73 und der Sicherheitschef im Politbüro, Erich Mielke, sogar 81.

Die sich jetzt abzeichnenden möglichen Nachfolger – etwa der 52jährige Egon Krenz, im Politbüro und ZK-Sekretariat zuständig für Sicherheitsfragen, der 60jährige SED-Bezirkssekretär Ost-Berlins Günter Schabowski oder der 59jährige Siegfried Lorenz, SED-Bezirkssekretär von Karl-Marx-Stadt, im weiteren vielleicht auch der Bezirkssekretär von Dresden, Hans Modrow, sind bisher nicht als Reformer hervorgetreten. Die fällige Ablösung der alten Garde dürfte aber – aufgrund der erwähnten Faktoren – zumindest eine flexiblere, elastischere und modernere Politik einleiten. Der bevorstehende Führungswechsel wird also nicht die Ursache, wohl aber ein Auslöser für Reformentwicklungen in der DDR sein.

Noch allerdings ist es nicht soweit. Noch bildet die DDR gemeinsam mit der Tschechoslowakei und Rumänien das Schlußlicht der sich immer schneller vollziehenden Reformentwicklung in Osteuropa.

These 3: In der sowjetischen Deutschlandpolitik gibt es zwar keinen grundsätzlichen Wandel, wohl aber einige Akzentverschiebungen, die in Rechnung zu stellen sind.
Die innersowjetische Reformentwicklung hat auch zu bedeutsamen Veränderungen der sowjetischen Außenpolitik geführt. Der Rückzug der Sowjettruppen aus Afghanistan, die erstmalige Bereitschaft zu Inspektionen und Verifikationen beim Abrüstungsprozeß (die bis 1985 als »westliche Spionageversuche« automatisch abgelehnt wurden), die Veränderungen in der Menschenrechtsproblematik sowie eine objektive Berichterstattung über das Leben in westlichen Ländern in der sowjetischen Presse sind dafür nur einige Beispiele.

In der sowjetischen Deutschlandpolitik gibt es bisher zwar keinen grundsätzlichen Wandel, wohl aber einige interessante Akzentverschiebungen:

1. Bis 1985 wurde in der Sowjetunion stets apodiktisch von »den beiden deutschen Staaten« gesprochen. Seit dem Beginn der Gorbatschow-Periode heißt es nunmehr, auf dem deutschen Territorium seien zwei deutsche Staaten entstanden, aber wie die Geschichte künftig verlaufen werde, lasse sich heute nicht übersehen. Dies bedeutet eine historische Relativierung der Zwei-Staaten-Theorie.

2. Bis zu Beginn der Gorbatschow-Periode wurde die DDR stets als fortschrittlicher und friedliebender deutscher Staat gelobt, die Bundesrepublik Deutschland dagegen als imperialistisch und revanchistisch verunglimpft. Dies gehört in der Sowjetunion der Vergangenheit an. Beide deutsche Staaten, so heißt es seit 1986, haben aus der Geschichte gelernt, beide haben neue Wege beschritten, und beide spielen eine wichtige Rolle in Europa.

3. Während früher die Berliner Mauer gerechtfertigt, ja gepriesen wurde, äußern sich sowjetische Funktionäre heute sehr distanziert darüber.

Bisher handelte es sich um die ersten, noch zaghaften Schritte; sie sollten nicht zur Hoffnung auf ein baldiges sowjetisches Angebot für eine deutsche Wiedervereinigung verleiten. Es gibt jedoch Akzentverschiebungen, die in der Deutschland- und Ostpolitik in Rechnung zu stellen sind.

These 4: Aus der Reformentwicklung der Sowjetunion, Ungarns und Polens, dem Abschottungskurs der DDR-Führung und den neuen Akzenten in der sowjetischen Deutschlandpolitik ergeben sich wichtige Schlußfolgerungen für die Deutschlandpolitik der Bundesrepublik.

Angesichts des Abschottungskurses der gegenwärtigen Führung in der DDR sollte die Bundesrepublik deutlicher unterscheiden zwischen der DDR-*Führung* auf der einen und der DDR-*Bevölkerung* auf der anderen Seite. Es ist bedauerlich, daß manchmal in der Bundesrepublik von »der DDR« gesprochen wird, wenn nur die Führung gemeint ist – vor allem, wenn es sich um Maßnahmen handelt, die eindeutig den Wünschen der DDR-Bevölkerung widersprechen.

Die Grundmaxime einer Deutschlandpolitik sollte darin bestehen, die größtmöglichen Verbindungen zur Bevölkerung der DDR anzustreben bei mindestmöglicher Aufwertung des DDR-Regimes und der DDR-Führung. Gewiß ist das in der Praxis nicht immer einfach zu verwirklichen, aber wir sollten bei allen Besuchen, Besprechungen und Verhandlungen mit der DDR-Führung immer die Wünsche und Bestrebungen der DDR-*Bevölkerung* im Auge haben. Es gilt, soweit wie möglich Brücken zur Bevölkerung zu bauen und sorgfältig darauf zu achten, daß Vereinbarungen mit der DDR-Führung dem Prestige der DDR-Führung nicht mehr dienen als den Interessen der DDR-Bevölkerung.

Die Maxime »Wandel durch Annäherung« (in dem Sinne, daß durch unsere Annäherung der DDR-Führung ihre Befürchtungen genommen werden, ihre Stabilität garantiert wird, weil sie dann auch zu Reformen aus eigenem Willen bereit wäre), hat sich, wie mir scheint, in der Praxis als falsch erwiesen. Sie sollte ersetzt werden durch die Konzeption »Annäherung bei Wandel und mit Wandel«. Das heißt: kühle Zurückhaltung gegenüber einer DDR-Führung, die sich allen Reform-Notwendigkeiten verschließt, bei gleichzeitig deutlich ausgesprochener Bereitschaft, die Kontakte auszudehnen, zu intensivieren und zu einer zunehmenden Kooperation zu kommen, sobald in der DDR Reformen und eine Liberalisierung eingeleitet werden. Dies wäre die Voraussetzung einer systemöffnenden Zusammenarbeit.

In der Praxis bedeutet dies etwa:

1. Städtepartnerschaften: Gewiß können und sollen Partnerschaften mit Städten in der DDR abgeschlossen werden, aber nicht als Selbstzweck, sondern nur, wenn durch vertragliche Vereinbarungen garantiert ist, daß durch diese Städtepartnerschaft die direkten Kontakte zwischen Bürgern der Bundesrepublik und der DDR verbessert, erweitert und intensiviert werden.

2. Bundestag und Volkskammer: Kontakte zwischen Mitgliedern des Bundestages und der Volkskammer der DDR können in Einzelfragen notwendig und wünschenswert sein, aber dabei sollte die bundesrepublikanische Seite darauf dringen, daß bei einem Besuch bundesdeutscher Parlamentarier diese die garantierte Möglichkeit haben, in der DDR den entscheidenden Unterschied zwischen einem frei gewählten Parlament im Westen und der von oben ernannten Jasager-Volkskammer öffentlich zum Ausdruck zu bringen.

Dies ist heute um so eher möglich, als in der Sowjetunion, Ungarn und Polen die früheren deklamatorischen Jasager-Parlamente dieser Länder öffentlich kritisiert werden.

3. *Informationen über Reformen in anderen sozialistischen Ländern:* Die DDR-Bevölkerung erfährt durch ihre Presseorgane, Rundfunk und Fernsehen nur äußerst wenig über die Reformen in der Sowjetunion, Polen und Ungarn. Daher erscheint es notwendig, daß in Rundfunk und Fernsehen der Bundesrepublik mehr über die Reformbewegungen berichtet wird, vor allem über jene Bereiche und Maßnahmen, die den Wünschen der DDR-Bürger und -Bürgerinnen besonders entsprechen. So dürfte die Berichterstattung über die Beseitigung der Grenzbefestigungen in Ungarn für die DDR-Bürger von besonderem Interesse sein.

4. *Dokumentationszentrum Salzgitter:* Das Dokumentationszentrum über Menschenrechtsverletzungen in der DDR in Salzgitter enthält Materialien über 4358 Tötungshandlungen und 26738 Verurteilungen aus politischen Gründen. Beim Dokumentationszentrum handelt es sich keineswegs, wie manchmal behauptet wird, um ein »Relikt des Kalten Krieges«, sondern um eine bedeutsame Tätigkeit, die für eine zukünftige reformierte DDR eine außerordentlich positive Rolle spielen wird. Das Dokumentationszentrum in Salzgitter sollte durch Besuche prominenter Persönlichkeiten, darunter namhafter Bundestagsabgeordneter, aufgewertet werden – mit der öffentlich verkündeten Bereitschaft, die entsprechenden Dokumente einem zukünftigen gewählten Parlament der DDR zur Verfügung zu stellen.

Resümee

Die Reformen in den sozialistischen Ländern, vor allem in der Sowjetunion, Ungarn und Polen, haben zu weitreichenden positiven Veränderungen im Bereich der Glaubensfreiheit, der Menschenrechte, der Beteiligung der Bürger am politischen Geschehen, der Vergangenheitsbewältigung und der Lockerung im kulturellen Leben geführt, wobei die ersten Schritte zum Umbau des Systems und einer Entwicklung zum Pluralismus erfolgt sind.

Die gegenwärtige Führung der DDR stellt sich diesem Prozeß entgegen. Die Deutschlandpolitik der Bundesrepublik sollte daher sowohl die positiven Reformentwicklungen einiger Länder Osteuropas als auch die Blockierung dieser Prozesse durch die gegenwärtige DDR-Führung zum Ausgangspunkt ihrer eigenen Vorstellungen machen.

Unter den gegenwärtigen Bedingungen scheint mir gegenüber der DDR-*Führung* eine kritische Zurückhaltung angebracht – bei gleichzeitiger Unterstreichung unserer engen Bindungen an die DDR-*Bevölkerung*. Dies sollte verknüpft werden mit unserer Bereitschaft zu immer weiterreichenden Kontakten, ja sogar zu einer aktiven Zusammenarbeit, sobald in der DDR ernsthafte Reformen beginnen, sobald sich eine Liberalisierung, eine Lockerung des Systems, Entwicklungen, Pluralismus, Rechtssicherheit und Meinungsfreiheit abzeichnen.

Eine reformorientierte DDR wird, dafür sprechen auch die Erfahrungen mit Osteuropa, die Annäherung an den Westen suchen und die Beziehungen zwischen beiden Teilen Deutschlands auf neue Grundlagen stellen. Aber es wird keinen Automatismus zwischen Reform und Wiedervereinigung geben. Politische Freiheit für die DDR-Bevölkerung wird nicht bedeuten, daß sie das Gesellschaftsmodell der Bundesrepublik kopieren will. Sie wird sich vielleicht sogar eine zu starke Einwirkung verbitten, weil sie nicht aus einer Vormundschaft in eine andere geraten will. Sie hat eigene Erfahrungen aus vierzig Jahren zu verarbeiten und muß über ihre gesellschaftliche Organisation selber entscheiden können. (1989)

Demokratisierung 1989/90

»Die Feiern zu ihrem 40. Geburtstag markieren für die DDR eine Wegkreuzung. Die Fortsetzung eines bürokratisch-diktatorischen Kasernen-Sozialismus bedeutet das Ende der DDR. Daran kann es keinen Zweifel geben.«

Der Autor am Vorabend der offiziellen Jubiläumsfestlichkeiten

Kasernen-Sozialismus ist das Ende der DDR

Seit meiner Flucht im März 1949 hat sich in den Grundprinzipien in der DDR nichts geändert. Die Sowjetzone war schon damals, und die DDR ist heute ein bürokratisch-diktatorisches System. Ein System, das viele Sowjetpublizisten heute zu Recht Kasernen-Sozialismus nennen.

Es ist gekennzeichnet durch eine riesige, aufgeblähte und, von wenigen Ausnahmen abgesehen, unfähige Bürokratie, die die Bevölkerung entmündigt und entrechtet. Es ist ein System, das weder fähig war, den Anschluß an die Technologie der Industrieländer der Welt zu erreichen noch die Versorgung der Bevölkerung ausreichend zu gewährleisten. Weder ermöglicht es die demokratische Mitwirkung der Bevölkerung, noch ist es in der Lage, ihre ethischen Bedürfnisse zu befriedigen. Es ist ein System, dem es nicht gelungen ist, die Jugend für sich zu gewinnen. Es gibt den Menschen keine Hoffnung und keine Perspektive.

Ich habe Walter Ulbricht gekannt, schon in der Moskauer Zeit, aber besonders in den Jahren 1945 bis 1947. Ich habe Erich Honecker bereits im Mai 1945 kennengelernt und bin anschließend mehrfach mit ihm bis zu meiner Flucht im März 1949 zusammengekommen.

In Art und Erscheinungsweise hat sich damals Erich Honecker leutseliger gegeben als der bürokratisch lispelnde Walter Ulbricht. Im Prinzip aber gab und gibt es in Funktion und Politik keinen entscheidenden Unterschied zwischen

Walter Ulbricht und Erich Honecker. Beide standen an der Spitze eines bürokratisch-diktatorischen Systems. Beiden kam es darauf an, dieses System zu festigen, alles in der Hand zu haben, während sie über das Schicksal der Bevölkerung kaum informiert, noch weniger daran interessiert waren.

Ich bin im März 1949, vor mehr als vierzig Jahren, geflohen. Nun erlebe ich den neuen Flüchtlingsstrom. Ich bin ein nüchterner Analytiker. Aber jetzt, wo ich fast täglich die Bilder von Tausenden jungen Flüchtlingen aus der DDR sehe, kommen mir die Tränen. Ich freue mich, daß ihnen die Flucht geglückt ist. Ich freue mich, daß sie nach den vielen Strapazen endlich die Möglichkeit haben, selbst nach eigenem Ermessen ihr Leben zu gestalten.

Ich habe Hochachtung vor den vielen Schwierigkeiten, die sie auf sich genommen haben, ihre Freunde, ihre Mitarbeiter, ihre Heimatorte zu verlassen. Und ich verstehe, daß sie in diesem System nicht mehr leben wollten, weil sie keine Zukunft sahen.

Meine Anteilnahme ist besonders groß, weil sie genau im gleichen Alter sind wie ich vor vierzig Jahren. Aus Unterhaltungen mit ihnen habe ich entnommen, daß sie keineswegs aus wirtschaftlichen Gründen geflüchtet sind, sondern ausschließlich aus ihrer verständlichen Abneigung gegen das System und mit dem Ziel, selbständig und aktiv ein neues Leben zu beginnen.

Die deutschen Kommunisten von 1945 hatten sich etwas völlig anderes vorgestellt als das, was sich später ereignet hat. Diese deutschen Kommunisten, zu denen ich ja damals gehört habe, erhofften sich eine parlamentarisch-demokratische Republik mit allen Rechten und Freiheiten für das Volk, wie es damals im Gründungsaufruf der KPD hieß.

Sie erhofften sich nicht die Übertragung eines bürokratischen Stalin-Systems auf deutschen Boden, sondern einen eigenen demokratischen Weg zum Sozialismus, entsprechend den eigenen Bedingungen. Sie erhofften sich eine echte kameradschaftliche Zusammenarbeit mit den anderen schon 1945 gegründeten Parteien – der Christlich-Demokratischen Union, den Sozialdemokraten und Liberal-Demokraten.

In den antifaschistisch-demokratischen Block entsandte 1945 jede Partei gleichberechtigt fünf Repräsentanten. Zunächst schien es so, als ob es sich um eine echte Zusammenarbeit handelte. Die deutschen Kommunisten erhofften sich mit der Gründung der SED am 21. April 1946 eine unabhängige Partei mit demokratischer Willensbildung der Mitglieder, eine Partei, deren demokratischer Weg zum Sozialismus führen würde. Vielerorts erhofften sie sich auch ein neues pluralistisches Modell des Sozialismus, ähnlich wie dies später im Prager Frühling 1968 und heute von vielen in der Sowjetunion, Ungarn und Polen versucht wird.

Die Feiern zu ihrem 40. Geburtstag markieren für die DDR eine Wegkreuzung. Die Fortsetzung eines bürokratisch-diktatorischen Kasernen-Sozialismus bedeutet das Ende der DDR. Daran kann es keinen Zweifel geben. Und zwar aus folgenden Gründen:

Die DDR bleibt wirtschaftlich immer weiter hinter westlichen Industriestaaten zurück. Eine Wirtschaftsreform ist unabdingbar, wenn die DDR den Anschluß an die Industriegesellschaften der Welt finden will.

Die Erfahrungen aller sozialistischen Länder haben gezeigt, daß man eine Wirtschaftsreform nicht isoliert betreiben kann. Sie kann nur verwirklicht werden im Rahmen einer Gesamtreform des Systems, also gleichzeitigen Reformen im politischen Machtapparat, der Aufwertung von Gesetz und Rechtsprechung, einer kulturellen Freiheit, einer religiösen Toleranz, offenen Diskussionen in den Massenmedien, der Freiheit der Bildung von Organisationen und Parteien, einem echten Mehr-

Kandidaten- oder sogar Mehr-Parteien-System und echten Parlamenten, die sich wirklich um die Belange und Probleme der Gesellschaft kümmern. Nur im Rahmen von Glasnost und Perestroika kann eine Wirtschaftsreform erfolgreich sein.

Eine Reform in der DDR wird kommen, weil die Menschen sich nicht mehr alles gefallen, sich nicht mehr reglementieren lassen. Sie begehren auf. Sie stellen, zu Recht, Forderungen. Und sie fordern vor allem demokratische Rechte und Freiheiten, Reformen und Liberalisierung.

Aus den ökonomisch-technologischen Sachzwängen und dem zunehmenden Druck der DDR-Bevölkerung wird es auch in einer voraussehbaren Zeit zu Reformen kommen. Ein Führungswechsel steht nicht an erster Stelle, denn entscheidend sind die aufgelisteten Faktoren. Aber ein Führungswechsel könnte den Übergang zu einem Reformkurs erleichtern.

Die gegenwärtige DDR-Führung, der 77jährige Erich Honecker, der 77jährige Chef-Ideologe Kurt Hager, der 75jährige Ministerpräsident Willi Stoph und der 81jährige Staatssicherheitschef Erich Mielke stellen eine überalterte Funktionärsgarnitur dar, die bereits während der Stalin-Ära in wichtige Funktionen gelangt ist und während der Breschnew-Periode von 1964 bis Mitte der achtziger Jahre ihre Führungsfunktionen erhalten hat.

Diese Repräsentanten stellen ein seltsames stalinistisch-breschnewistisches Gemisch dar. Sie sind weder fähig noch willens, die tatsächliche Situation der DDR zur Kenntnis zu nehmen und noch weniger, durch Reformen den Erneuerungsprozeß einzuleiten. Sie fürchten um ihre Macht und Privilegien; sie sind voller Angst, und ihre forsche, oft schon provokatorische Art ist nur der Versuch, die Angst zu übertünchen.

In der gegenwärtigen Führung gibt es keinen eindeutigen Reformer etwa vom Schlage Gorbatschows. Egon Krenz ist der Wunschkandidat Erich Honeckers, ein absoluter Scharfmacher, während man bei dem gut ausgebildeten Ingenieur Günter Schabowski, gegenwärtig Bezirkssekretär von Ost-Berlin, zumindest die Hoffnung auf eine etwas verständnisvollere und modernere Haltung haben kann. Ein solcher Führungswechsel würde nicht den Übergang zu Reformen bringen, wohl aber die Möglichkeit zu einer flexibleren und elastischeren Politik, die dann später in einen Reformkurs münden könnte.

Der Opposition, vor allem den neuen Bewegungen »Neues Forum«, »Demokratie Jetzt« und vielen anderen Gruppen wünsche ich Erfolg und zunehmende Unterstützung der Bevölkerung. Ihre Ziele, ihre programmatischen Postulate sind beeindruckend. Ihre Forderung, als Dialog-Partner ernst genommen zu werden, ist berechtigt. Ihre Vorschläge sind notwendig und realistisch. Ich wünsche ihnen Erfolg in ihrem Bestreben, Menschen in der DDR für ihre Ziele zu gewinnen.

Zukünftige Reformen in der DDR, also eine Entwicklung zum Pluralismus, Verwirklichung demokratischer Rechte und Freiheiten, religiöse Toleranz, Freiheit des kulturellen Schaffens, der breitesten Möglichkeit der Bürger der DDR, am Geschehen in ihrem Staat mitzuwirken, müßten nicht automatisch zu einer Wiedervereinigung führen. Wenn Millionen Bürgerinnen und Bürger der DDR sich jahrelang an diesem gewaltigen Reform- und Umgestaltungsprozeß beteiligten, könnten sie zu Recht stolz auf die verwirklichten Reformen sein und aufgrund dieses Stolzes auch das Recht beanspruchen, nun auch Herr im eigenen Hause zu bleiben, also nicht einfach begeistert zuzustimmen, wenn westdeutsche Parteien ihre Filialen in der DDR eröffnen.

Gerade erfolgreiche Reformen könnten zu einem gewissen Selbständigkeitsgefühl in der DDR führen, verbunden selbstverständlich auch mit einer Annäherung an die Bundesrepublik und der Möglichkeit, weitreichende und enge Verbindungen zur Bundesrepublik einzugehen. Ich stelle mir dabei vor allem vor: freien, ungehinderten Austausch aller Zeitungen, Zeitschriften und Bücher, freien, ungehinderten Austausch zwischen Studenten, Professoren, Arbeitern; zwischen allen Vertretern aller Bereiche der Gesellschaft; gemeinsame Vorhaben in der modernen Forschung und im Umweltschutz.

Schließlich könnte ich mir denken – dies würde allerdings am Ende eines Reformprozesses stehen –, daß Einheiten der Bundesrepublik gemeinsam mit Einheiten der DDR den Stacheldraht niederreißen und die Berliner Mauer sprengen.

(7. Oktober 1989)

Lang ersehnt:
die Reformbewegung in der DDR

Ich habe lange Jahre auf eine Reformbewegung in der DDR gewartet. Aufgrund des zunehmenden Reformdrucks aus der Bevölkerung erleben wir jetzt den Übergang zu einer realistischen und flexibleren Politik. Die Dialogbereitschaft der Führung, die Amnestie für Flüchtlinge und Demonstranten und eine gewisse Lockerung in den Massenmedien sind dafür die ersten Anzeichen. Aber noch gibt es keine wirkliche Reformierung des Systems.

Zunächst müßten nämlich Presse, Rundfunk und Fernsehen sich endlich aus der langweiligen Erstarrung lösen, die Wirklichkeit wahrheitsgetreu widerspiegeln und freie offene Diskussionen ermöglichen. Alle bisher entstandenen Reformvereinigungen wie »Neues Forum«, »Demokratischer Aufbruch« und »Demokratie Jetzt« sowie die neu gegründete Sozialdemokratische Partei der DDR müßten ungehindert tätig sein können. Dann müßte es zu einem Dialog am Runden Tisch kommen zwischen reformwilligen Repräsentanten der SED, der Ost-CDU, LDPD, der Kirche sowie vor allem den Repräsentanten der demokratischen Reformbewegungen. Ein daraus zu bildender Koordinierungsausschuß sollte freie und geheime Wahlen in der DDR einleiten. Dies wäre ein glaubwürdiger Beginn einer Reformentwicklung in der DDR.

Ich könnte mir zudem vorstellen, daß anstelle der FDJ-Staatsjugend sich selbständige Jugendverbände bilden und unabhängige Gewerkschaften der Arbeitnehmer entstehen.

Wichtig wäre, daß der Staatssicherheitsdienst unter parlamentarische Kontrolle gestellt wird und frühere Urteile ernsthaft überprüft werden. Im kulturellen Bereich würde ich hoffen, daß alle in den vergangenen Jahrzehnten verbotenen Manuskripte endlich gedruckt, Theaterstücke ohne Zensur aufgeführt werden können. Im Wirtschaftsbereich müßte die Befreiung von den Fesseln einer bürokratisch-zentralistischen Planwirtschaft erfolgen, im ideologischen Bereich eine freie Diskussion über unterschiedliche weltanschauliche Positionen sowie eine ungehinderte Religionsausübung möglich werden. Wichtig wäre schließlich eine wahrheitsgetreue Aufarbeitung der Geschichte der DDR seit 1945.

Ich rechne damit, daß der große Reformprozeß ein eigenständiger ist, daß aber Tradition und Erfahrungen der DDR mit einbezogen werden. Es kann und darf nicht einfach eine Übernahme anderer politischer Erfahrungen erfolgen. Liberale, christliche und konservative Strömungen sind ebenso aufzunehmen wie selbstverständlich auch sozialdemokratische und sozialistische Richtungen.

Egon Krenz wird es allerdings schwerhaben, als glaubwürdiger Reformer von der DDR-Bevölkerung anerkannt zu werden. Er war gut ein Jahrzehnt lang im SED-Politbüro, dort für Sicherheitsfragen zuständig. Er hatte die Oberaufsicht bei den gefälschten Kommunalwahlen im Mai 1989, er gratulierte der chinesischen KP-Führung nach dem Massaker auf dem »Platz des Himmlischen Friedens« im Juni, und er war verantwortlich für die brutalen Polizeieinsätze gegen friedliche Demonstranten bis zum 6. Oktober 1989. Unter diesen Bedingungen habe ich größtes Verständnis dafür, daß die DDR-Bürger seinen Erklärungen mißtrauen, und ich befürchte, daß seine vagen Versprechungen nur dem Ziel der Beruhigung dienen.

Egon Krenz muß jetzt unter Beweis stellen, daß er wirklich eine Wende plant. Ein entscheidender Beweis wäre die Legalisierung der demokratischen Reformbewegungen und der Beginn echter Verhandlungen mit diesen Strömungen, um ein gemeinsames Reformprogramm auszuarbeiten. Ich glaube aber nicht, daß man auf einen deutschen Gorbatschow zu warten hat, die Geschichte wiederholt sich nicht.

Ich würde aber auch hoffen und wünschen, daß westdeutsche Politiker bei ihren Reisen in die DDR sich nicht nur darauf beschränken, mit dem SED-Generalsekretär oder einigen DDR-Spitzenführern zu verhandeln, sondern bei jeder solchen Reise auch in aller Öffentlichkeit Kontakte mit den neuen demokratischen Reformbewegungen aufnehmen. Es dürfte kein Zweifel bestehen, daß gerade diese neuen Bewegungen die Meinungen eines großen Teils der DDR-Bevölkerung zum Ausdruck bringen.

Der Reformprozeß in der DDR wird eigenständige Züge annehmen. Man kann nicht bundesrepublikanische Erfahrungen einfach auf die DDR übertragen. Ob die DDR-Bürger im Verlaufe eines Reformprozesses selbständig bleiben, eine Konföderation vorziehen oder sich mit der Bundesrepublik zu einer einheitlichen deutschen Republik zusammenschließen wollen, das muß dem Wunsch der DDR-Bevölkerung überlassen bleiben. Ich hoffe, daß im Laufe der Reformentwicklung in der DDR der Tag kommt, an dem Sondereinheiten der Bundesrepublik und der DDR gemeinsam den Stacheldraht niederreißen, Wachtürme beseitigen und die Berliner Mauer sprengen. (28. Oktober 1989)

Demokratie vor Einheit

Ein Interview nach dem Fall der Mauer

Frage: Herr Professor Leonhard, kommen die Reformen in der DDR noch rechtzeitig, und gehen sie weit genug?

Leonhard: Das kann man heute noch nicht mit Bestimmtheit sagen. Bisher hat es nur weitreichende Lockerungen vor allem im Reiseverkehr, in der Demonstrationsfreiheit und der Pressefreiheit gegeben – aber davon ist bisher nichts gesetzlich verankert. Der Reformprozeß kann nur glaubwürdig beginnen, wenn er nicht nur von der SED-Führung proklamiert wird, sondern möglichst schnell eine Konferenz am Runden Tisch stattfindet – mit reformwilligen Vertretern der SED, der LDPD, der Ost-CDU, der Kirche und vor allem mit Vertretern der vier neuen Reformbewegungen: Neues Forum, Demokratischer Aufbruch, Demokratie Jetzt und DDR-Sozialdemokraten. Nur eine solche Konferenz hat genügend Autorität, um weitreichende Reformen einzuleiten, und sie müßte bereits einen möglichst baldigen Wahltermin für pluralistische, geheime, demokratische Wahlen festlegen.

Frage: Die Blockparteien versuchen sich jetzt als eigenständige Kräfte zu profilieren. Wie glaubwürdig und wie aussichtsreich ist dieser Versuch?

Leonhard: Ich glaube, daß es einigen Kräften in den Blockparteien – LDPD, Ost-CDU, vielleicht auch NDPD und Demokratische Bauernpartei – gelingen kann, glaubwürdig eine eigenständige Kraft zu vertreten. Aber das wird nicht leicht sein, denn allzu lange haben die Blockparteien bedauerlicherweise den SED-Kurs fast hundertprozentig unterstützt. Verselbständigte Blockparteien können einen Teil der Wähler bei künftigen Wahlen in der DDR gewinnen. Entscheidend für die zukünftigen Wahlen aber ist die Teilnahme der vier neuen demokratischen Reformgruppierungen, die offensichtlich einen starken Rückhalt in der Bevölkerung haben.

Frage: Haben die DDR-Reformer überhaupt die nötigen Führungsköpfe?

Leonhard: Davon bin ich überzeugt. Die aktivsten, am besten ausgebildeten, sachkundigsten und den Reformen verpflichteten Menschen unterstützen diese Bewegungen. Ich könnte mir vorstellen, daß die Reformbewegungen genügend Repräsentanten haben, um die Demokratisierung voranzutreiben.

Frage: Eine Kommission der Volkskammer soll sich jetzt mit der Frage einer Verfassungsänderung beschäftigen. Sind Erwartungen hinsichtlich eines Verzichts auf den SED-Führungsanspruch realistisch?

Leonhard: Zur Demokratisierung gehören unbedingt die Beschneidung des SED-Führungsanspruchs und die Gleichberechtigung aller politischen Parteien und Vereinigungen in der DDR. Ich hoffe, daß der Volkskammerausschuß gewisse Erfolge in diesem Bereich erzielen wird, würde aber wünschen, daß möglichst bald die Repräsentanten der vier Reformströmungen an diesen Arbeiten beteiligt werden.

Frage: In der Öffentlichkeit wird jetzt immer häufiger über das Thema Wiedervereinigung diskutiert...

Leonhard: Ich bedauere diese Debatte, denn die DDR-Bürger und -Bürgerinnen haben jetzt wahrhaftig andere Sorgen. Was seit sechs Wochen vorgeht, ist die größte friedliche Revolution in der Geschichte Deutschlands. Jede Diskussion über die Wiedervereinigung kann zum jetzigen Zeitpunkt nur störend und hemmend wirken. Es steht nur eine Frage im Zentrum: die

Demokratisierung der DDR. Wenn einmal dieser Demokratisierungsprozeß abgeschlossen ist, dann – so hoffe ich – wird es in beiden deutschen Staaten einmal möglichst am selben Tag eine geheime Abstimmung geben. Dabei werden hoffentlich drei Möglichkeiten zur Abstimmung gestellt: erstens friedliche und gutnachbarliche Zusammenarbeit zweier deutscher Staaten; zweitens Konföderation der beiden deutschen Staaten; drittens Zusammenschluß zu einer einheitlichen deutschen demokratischen Republik. Nur wenn die überwältigende Mehrheit der Bevölkerung beider deutscher Staaten sich für eine Wiedervereinigung aussprechen sollte, dann wird diese Frage auf der Tagesordnung stehen. (18. November 1989)

»Wer zu spät kommt, den bestraft das Leben«

Die Kinder der Revolution entlassen »ihre« Revolutionäre

Ich habe seit dem 7. September 1987, dem Besuch Erich Honeckers in der Bundesrepublik und den damals geäußerten großen Hoffnungen auf eine Koalition der Vernunft mit Erich Honecker dringend davor gewarnt, erstens: die Stabilität des Regimes Erich Honeckers zu überschätzen; zweitens: die gewaltigen Gegenkräfte gegen das Regime zu unterschätzen und drittens: zu glauben, daß die Honecker-Führung noch lange im Amt bleiben werde.

Der Reformaufbruch in der DDR ist sehr gefördert worden durch die großen Reformen in der Sowjetunion, durch Glasnost (Offenheit) und Perestroika (Umgestaltung). Die Bevölkerung der DDR erfuhr, was alles sich in der Sowjetunion bewegt, wie die Massenmedien frei werden, wie es öffentliche Diskussionen gibt, dann die Vergangenheitsbewältigung, die Wahrheit über die Stalin-Ära, die Tatsache, daß Bücher, die bis dahin verboten waren, in riesigen Auflagen erscheinen konnten. Die DDR-Bürger erfuhren auch von den Mehrkandidatenwahlen zum Kongreß der Volksdeputierten am 26. März 1989, von den stürmischen Debatten dieses Kongresses und im Obersten Sowjet, von den riesigen Streiks, die nicht von der Polizei niedergeknüppelt wurden, sondern wo die Regierung mit den neuen Streikkomitees verhandelt hat. Sie erfuhren von der Freiheit in Kunst und Literatur, von dem atemberaubenden Buch von Anatol Rybakow »Die Kinder vom Arbat«, welches sofort in der DDR verboten wurde; von dem Film »Die Reue«, dem meistdiskutierten Film in der Sowjetunion. Er wurde ebenfalls in der DDR verboten. Und dann kam die Zeitschrift »Sputnik«, Ausgabe Nummer 10/1988, mit 140 000 Abonnenten; auch sie wurde plötzlich verboten. Plötzlich erkannten die Menschen in der DDR, daß sie nicht nur weiter hinter dem Westen ökonomisch und den Freiheiten in der Bundesrepublik zurückblieben. Plötzlich wurden sie auch noch von den gewaltigen Reformen in der Sowjetunion, in Polen und Ungarn abgeschottet. Das alles hat zweifellos die Forderungen nach Reformen in der DDR beflügelt.

Dabei war das unmittelbare Einwirken Gorbatschows beim Sturz Honeckers relativ gering. Gorbatschow kam am 7. Oktober zum 40. Jahrestag der DDR nach Ost-Berlin. Er hat sich loyal dem Bündnispartner gegenüber verhalten, aber in Interviews sehr deutlich seinen Wunsch nach Reformen in der DDR zum Ausdruck gebracht und sogar eine leichte Warnung ausgesprochen, indem er sagte »Wer zu spät kommt, den bestraft das Leben«. Das war ein Hinweis, daß es die sowjetische Führung durchaus gern gesehen hätte, wenn mehr reformerische Kräfte in der SED-Führung allmählich Einfluß bekämen. Ganz entscheidend indes war bei den Gesprächen der Hinweis aus der Delegation Gorbatschows, daß die sowjetischen Truppen für Honecker nicht zur Verfügung stünden, daß diese Truppen sich nicht in die inneren Angelegenheiten der DDR einmischen würden. Das war ein klares Signal, daß sie auch nicht für die Aufrechterhaltung des SED-Regimes zur Verfügung stehen.

Ein Vergleich der großen Reformbewegung in der DDR mit denen in der Sowjetunion, in Polen und Ungarn scheint mir zu zeigen, daß die in der DDR gleichzeitig unglaublich machtvoll und mächtig ist, aber auch sehr diszipliniert. Im Unterschied zu manchen Ereignissen in der Sowjetunion hat es kein Blutvergießen, keine Gewalt gegeben. Und mir scheint, daß dies auch bei einer Fortsetzung der Reformbewegung in der DDR der Fall sein wird, falls das Regime nicht plötzlich zu Gegenmaßnahmen greifen sollte. Wenn das geschieht, ist eine Eskalation unvermeidlich.

Die sowjetische Führung hat auch erklärt, daß sie die Mitgliedsstaaten des Warschauer Paktes als souverän ansieht und sich nicht in die Innenpolitik einmischen wird. Daran hat sich die sowjetische Führung gehalten. Wir haben in Ungarn ein System an der Schwelle einer Demokratie europäischer Prägung. In Polen nähern wir uns diesem Zustand. Die UdSSR hat sich nicht eingemischt.

Das einzige, worauf die Sowjetunion Anspruch erhebt, ist, daß alle gültigen Verträge des Warschauer Paktes strikt eingehalten werden.

Eine der wichtigsten Fragen bei der Demokratisierung der DDR ist jetzt die Vergangenheitsbewältigung. Zum erstenmal wird die Wahrheit gesagt über Thälmann, über die verhängnisvolle Politik der kommunistischen Partei gegen die Sozialdemokraten in den zwanziger Jahren, über das Schicksal deutscher Kommunisten, die in die Sowjetunion emigriert waren und von Stalins Sicherheitsdiensten verhaftet wurden. All das wird jetzt aufgearbeitet. Diese Vergangenheitsbewältigung ist für mich eine der wichtigsten Fragen überhaupt. Und sie muß weitergeführt werden. Es muß endlich die Wahrheit über die Gründung der SED gesagt werden, die sogenannte Vereinigung von SPD und KP im April 1946, es muß gesagt werden, wie die damaligen Blockparteien immer mehr unterdrückt und untergeordnet wurden, die Willkürherrschaft des Staatssicherheitsdienstes, die entsetzliche Kollektivierung Anfang der sechziger Jahre, die Hintergründe der Berliner Mauer, die Hintergründe der Teilnahme der DDR an der Okkupation der Tschechoslowakei im August 1968, die Hintergründe, wie damals

Ulbricht gestürzt wurde und Honecker an die Macht kam. All diese Dinge müssen aufgearbeitet werden, und die historische Überwindung der sogenannten »weißen Flecken« und der Geschichtsverfälschung ist die Voraussetzung für eine moralisch-ethische Gesundung. Menschen, die an Lügen glauben müssen, können keine Demokratisierung durchführen. Die kritische Aufarbeitung der Vergangenheit ist die moralisch-ethische Voraussetzung für die Reformen in Gegenwart und Zukunft. (9. Dezember 1989)

Organisches Zusammenwachsen statt überhasteter Vereinigung

Ein Interview vor der ersten freien Wahl in der DDR

Frage: Am 18. März finden in der DDR vorgezogene Wahlen zur Volkskammer statt. Wie beurteilen Sie die gegenwärtige politische Stimmungslage in der DDR?
Leonhard: Drei Dinge scheinen gegenwärtig für viele DDR-Bürger im Vordergrund zu stehen: Erstens die Enttäuschung, ja das Entsetzen über die 40jährige SED-Diktatur, zweitens die Freude darüber, daß man endlich frei diskutieren und sich frei betätigen kann, und drittens eine gewisse Ungeduld, da nach Auffassung vieler die Neuentwicklung, vor allem im wirtschaftlich-sozialen Bereich, sich nicht so schnell vollzieht, wie sie es sich wünschen.
Frage: Wie werden die alten Blockparteien und die neuen Reformvereinigungen angesehen?
Leonhard: Die SED und die früheren Blockparteien (Ost-CDU, LDPD, Nationaldemokraten und Demokratische Bauernpartei) auf der einen und die neuen Reformbewegungen auf der anderen Seite werden widersprüchlich beurteilt. Manche von der älteren Generation kritisieren zwar die SED/PDS und die Blockparteien (im Volksmund »Blockflöten« genannt), meinen jedoch, daß sich die Blockparteien inzwischen verselbständigt haben und, vor allem, über eine Verwaltungserfahrung verfügen. Bei den neuen Reformparteien (etwa Neues Forum, Demokratie Jetzt, SPD und Demokratischer Aufbruch) sei das Bild noch verwirrend; sie hätten zwar eine reine Weste, haben jedoch kaum Verwaltungserfahrung.

Bei jüngeren Menschen wird man dagegen ausgelacht, wenn man von den Blockparteien spricht; für sie gibt es nur die neuen Reformparteien als einzige Hoffnung.

Auch gibt es ein gewisses Nord-Süd-Gefälle: Im südlichen Teil der DDR, vor allem in Sachsen, ist die Mehrheit der Bevölkerung oft militanter und radikaler als in den nördlichen Ländern Brandenburg und Mecklenburg.

Frage: Inwieweit existiert bei dieser Wahl eine Chancengleichheit der Parteien – etwa über eine pluralistische Presse?

Leonhard: Von Chancengleichheit kann überhaupt keine Rede sein. Die SED und die Blockparteien verfügen über einen riesigen Apparat und den entscheidenden Einfluß in der Presselandschaft. Die neuen Reformparteien müssen sich meist mit kleinen primitiven Büros und wenigen Hilfskräften begnügen und beginnen gerade, die ersten Zeitungen herauszugeben. Zwar geben die SED/PDS und die Blockparteien den neuen Reformgruppierungen mitunter die Möglichkeit, hie und da etwas in offiziellen Zeitungen zu veröffentlichen, aber dies ist natürlich nur ein Tropfen auf den heißen Stein. Trotz fehlender Chancengleichheit nehme ich jedoch an, daß allein der Name der neuen Reformgruppen und Parteien auf den Wahlzetteln für die meisten DDR-Bürger genügen wird, um die Entscheidung zu treffen.

Frage: Wie beurteilen Sie das Parteiensystem im bisherigen Einparteienstaat DDR? Ist eine Kopie des bundesdeutschen Systems zu empfehlen?

Leonhard: Ich wäre nicht dafür, daß die DDR einfach die Parteienlandschaft der Bundesrepublik kopiert. Die Bevölkerung der DDR hat seit 40 Jahren in einem völlig anderen System gelebt, völlig andere Erfahrungen gemacht und steht vor allem vor völlig anderen Problemen – vor allem der Überwindung des bürokratisch-diktatorischen Systems und dem Übergang zu einer neuen effektiveren Wirtschaftsform.

Gewiß: Auch in der DDR dürften die politisch-weltanschaulichen Grundströmungen – Sozialdemokraten, Christdemokraten, Liberale, Konservative und Grüne – ihren Niederschlag finden. Auch gibt es sehr ähnliche Ziele: Pluralismus, demokratische Freiheiten, Rechtssicherheit und Menschenrechte.

Aber es gibt doch große Unterschiede zwischen der DDR und der Bundesrepublik in der Frage, wie diese Ziele in der Praxis zu verwirklichen sind. Ich würde mich freuen, wenn es der DDR gelingen würde, Pluralismus, demokratische Freiheiten und Menschenrechte in eigenständiger Form und auf selbständige Art zu verwirklichen und dabei vielleicht auch neue Formen zu finden, die für die Bundesrepublik von Interesse sein könnten. Keine Kopie, kein Verhältnis zwischen »westlichen Lehrern« und »DDR-Schülern« schwebt mir vor, sondern ein gleichberechtigter Erfahrungsaustausch.

Frage: Wollen Sie eine Wahlprognose für die DDR-Wahlen am 18. März wagen?

Leonhard: Die Situation ist im Fluß, und alles verändert sich jede Woche so schnell, daß genaue Prognosen, etwa mit Prozentziffern, unmöglich sind. Nach dem jetzigen Stand zu urteilen, würde ich annehmen, daß die SPD an erster Stelle und die konservative »Allianz für Deutschland« an zweiter Stelle am 18. März die beiden größten Parteien der DDR werden. An dritter Stelle würde ich dann die FDP/Liberalen nennen – sobald es ihnen gelingt, ein einheitliches gemeinsames liberales Wahlbündnis herzustellen.

Die zuerst entstandenen und am aktivsten gegen die Honecker-Diktatur kämpfenden Oppositionsgruppen »Neues Forum«, »Demokratie Jetzt« und »Initiative Frieden und Menschenrechte« spielen dagegen nur noch eine geringere Rolle; sie sind von jenen Parteien und Wahlbündnissen überrundet, die von den entsprechenden Parteien der Bundesrepublik unterstützt werden. Der früheren Staatspartei SED, die sich zunächst SED/PDS und nun nur noch PDS (Partei des Demokratischen Sozialismus) nennt, gebe ich dagegen nur 5 bis 8 Prozent.

Frage: Die bisherige Staatspartei SED bzw. seit kurzem die PDS steht, wie allgemein angenommen wird, vor ihrem Ende. Hätte dieser Abstieg und Zusammenbruch vermieden werden können?

Leonhard: Der schnelle Abstieg war kaum zu vermeiden, weil die SED durch ihr 40jähriges bürokratisch-diktatorisches System, durch Unterdrückung, Reglementierung und verlogene Propaganda das Vertrauen breiter Bevölkerungskreise eingebüßt hatte. Nach der Ablösung Honeckers und der Verkündung der »Wende« hätte sie jedoch noch eine Chance haben können, wenn sie sich sofort mutig und entschlossen an die Spitze der Demokratisierung gestellt hätte. Das hat sie jedoch nicht getan. Alle Konzessionen seitens der SED und ihrer Führung erfolgten nur durch den Druck von unten; der SED wurde buchstäblich jede neue Konzession abgerungen.

Zweitens hätte die SED noch gewisse Chancen gehabt, wenn sie sofort mutig und entschlossen sich einer Vergangenheitsbewältigung gestellt hätte, wenn sie offen und klar solche Ereignisse aufgedeckt hätte wie die Zwangsvereinigung im April 1946, die Unterordnung der Blockparteien 1947/48, die demokratisch nicht legitimierte DDR-Staatsgründung im Oktober 1949, die Einführung der bürokratisch-zentralistischen Planwirtschaft und Kollektivierung in den fünfziger und Anfang der sechziger Jahre, den Bau der Berliner Mauer 1961, die Bekämpfung des Prager Frühlings sowie die Teilnahme der DDR-Truppen an der Okkupation der Tschechoslowakei im August 1968. Dies geschah jedoch nicht. Statt dessen schob sie die gesamte Schuld auf einzelne ehemalige SED-Führer und wurde dadurch zusätzlich unglaubwürdig.

Drittens schließlich empfinden viele DDR-Bürger – nicht zu Unrecht – den neuen Namen »Partei des Demokratischen Sozialismus« als Etikettenschwindel. Eine offene Auseinandersetzung über die SED-Vergangenheit und über die neuen Zielsetzungen, ja eine Spaltung in eine marxistisch-leninistische Partei alten Typs und eine wirklich überzeugende reformsozialistische Partei wäre glaubwürdiger gewesen als diese allzu glatte Umbenennung.

Frage: Wie schätzen Sie den bisherigen Demokratisierungsprozeß in der DDR ein – sowohl die Erfolge als auch die Schwierigkeiten und Probleme?

Leonhard: Mir sind die gewaltigen Schwierigkeiten, vor allem der ökonomisch-soziale Rückstand, sehr wohl bekannt und bei meinen Reisen in die DDR immer wieder bewußt geworden. Man sollte jedoch nicht die gewaltigen positiven Erfolge übersehen, die durch die Aktivität der Bevölkerung in weniger als drei Monaten in der DDR erreicht wurden:

– Die SED, die noch bis Oktober 1989 das gesamte Leben beherrschte, hat fast die Hälfte ihrer Mitglieder verloren und ihre monopolistische Machtstellung eingebüßt.
– Fast die gesamte alte SED-Führung ist abgelöst, viele ihrer Führer befinden sich in Haft und stehen vor einem Prozeß.
– Paragraph 1 der DDR-Verfassung, in der die führende Rolle der SED verankert wurde, ist von der Volkskammer abgeschafft worden.
– Die früheren »Blockparteien« – Ost-CDU, LDPD, Nationaldemokratische Partei und Demokratische Bauernpartei –, die 40 Jahre lang als Satelliten der SED fungierten, haben sich weitgehend von der Umklammerung gelöst und beginnen, als eigenständige politische Kräfte zu wirken.
– Die eintönige, langweilige, schönfärberische und verlogene Propaganda in den Massenmedien gehört weitgehend der Vergangenheit an.

- Die früheren Tabus, wie etwa die Korruption hoher Funktionäre, die katastrophale Umweltverschmutzung, die Unsicherheit von Kernkraftwerken, die Verschuldung der DDR und vieles andere, werden heute offen zugegeben und diskutiert.
- Die Bürger der DDR haben heute – vor wenigen Wochen noch kaum denkbar – solche entscheidenden demokratischen Rechte wie Meinungsfreiheit, Organisationsfreiheit, Demonstrations- und Vereinigungsfreiheit.
- Die früher gegängelten, behinderten und reglementierten Kirchen und Religionsgemeinschaften können heute ungehindert ihre religiöse und gesellschaftliche Tätigkeit ausüben.
- Die neu entstandenen und zunächst illegalen Reformvereinigungen Neues Forum, Demokratischer Aufbruch, Demokratie Jetzt, Initiative für Frieden und Menschenrechte und die DDR-Sozialdemokraten können heute legal tätig sein, nehmen am »Runden Tisch« an der Kritik der Regierung und der Ausarbeitung von Reformvorschlägen teil. Damit ist ein entscheidender Schritt zum Pluralismus beschritten worden.
- Die Volkskammer, bis Oktober 1989 ein machtloses Dekorationsorgan von Ja-Sagern, beginnt sich zu einem echten kritischen Parlament zu entwickeln.
- Bürger der DDR können heute, ohne von mißtrauischen DDR-Behörden unter Druck gesetzt zu werden, ungehindert in die Bundesrepublik Deutschland reisen.
- Die Zusammenarbeit von DDR-Wirtschaftsunternehmungen, Städten, Schulen, Hochschulen und kulturellen Institutionen mit der Bundesrepublik – früher nur in Ausnahmen zugelassen und von oben gegängelt – kann sich heute ungehindert entfalten.

All dies ist von der DDR-Bevölkerung in einigen wenigen Monaten erreicht worden. Ich halte es für dringend notwendig, daran zu erinnern, weil in der bundesdeutschen Öffentlichkeit bedauerlicherweise fast immer nur von Schwierigkeiten und Problemen die Rede ist und die gewaltigen positiven Demokratisierungserfolge oft in den Hintergrund treten.

Frage: Halten Sie die Demokratisierung in der DDR für umkehrbar oder ist sie bereits abgesichert?

Leonhard: Ich halte die Demokratisierung in der DDR bereits für unumkehrbar und abgesichert. Gewiß, ich unterschätze keineswegs den zwar geschwächten, aber immer noch existierenden Parteiapparat und den Staatssicherheitsdienst. Auch vergesse ich nicht die vielen tausend abgesetzten SED-Funktionäre, die zwar nicht mehr in der Öffentlichkeit auftreten, aber immer noch da sind. Ich nehme an, daß auch in der DDR – ähnlich wie in der Sowjetunion und anderen osteuropäischen Ländern – sich diese Gegenkräfte durchaus noch bemerkbar machen können.

Trotzdem halte ich die Demokratisierung bereits für so weitgehend, daß es niemandem mehr gelingen wird, diese Entwicklung rückgängig zu machen und den alten bürokratisch-diktatorischen Unterdrückungsapparat wieder zu errichten.

Frage: Welche Rolle spielt bei den gegenwärtigen Entwicklungen in der DDR die Wiedervereinigung bzw. Neuvereinigung Deutschlands?

Leonhard: Die Wiedervereinigungsfrage steht in der DDR immer mehr im Vordergrund – als Resultat eines weitreichenden Stimmungsumschwungs in der DDR-Bevölkerung. Während vom September bis etwa Mitte Dezember 1989 bei allen Demonstrationen die Demokratisierung der DDR im Vordergrund stand (»Wir sind das Volk«), vollzog sich seit etwa Mitte Dezember mit zunehmender Geschwindigkeit eine Verlagerung zugunsten einer baldigen Vereinigung mit der Bundesrepublik. Anstelle von »Wir sind das Volk« trat nun »Wir sind ein Volk«.

Vor allem junge Menschen sprechen sich für eine schnelle Vereinigung aus. Einerseits drückt sich darin das Bekenntnis zu einer Nation (»Wir sind schließlich alle Deutsche«) aus, andererseits aber weit häufiger die Auffassung, daß nur durch eine schnelle Vereinigung mit der Bundesrepublik die ökonomischen und sozialen Fragen der DDR gelöst werden könnten. Besonders häufig hört man dann den Satz: »Ich kann nicht mehr lange warten; ich habe ja schließlich nur ein Leben.« Gegenwärtig dürften, nach meinen Eindrücken, etwa 70 bis 80 Prozent der DDR-Bürger sich für eine baldige Wiedervereinigung aussprechen.

Frage: Anläßlich dieses zunehmenden Drucks für eine Wiedervereinigung – wird es Ihrer Meinung nach Ende dieses Jahres noch eine DDR geben?

Leonhard: Alles ist im Fluß. Die Bewegung geht mit so unglaublicher Schnelligkeit und Dynamik vor sich. Man wird annehmen, daß bald, vielleicht schon in den nächsten Wochen, in der DDR die ursprünglichen traditionellen Länder neu entstehen. Dann könnten laut Artikel 23 des Grundgesetzes ein oder mehrere Länder der DDR sich für den Beitritt zur Bundesrepublik entscheiden – sogar ohne Volksabstimmung, die dafür nicht vorgesehen ist. Ich würde jedoch annehmen, daß die DDR trotzdem Ende des Jahres 1990 noch bestehen wird, vor allem aus drei Gründen:

1. In den letzten vierzig Jahren hat sowohl die Bundesrepublik Deutschland als auch die DDR Hunderte von völkerrechtlich gültigen Verträgen mit anderen Staaten unterzeichnet, darunter auch Verträge mit recht langer Geltungsdauer. Diese Verträge – das dürften sachkundige Persönlichkeiten in beiden Teilen Deutschlands verstehen – sind einzuhalten und können nicht so einfach und schnell, wie es sich manche vor-

stellen, auf einen zukünftigen gesamtdeutschen Bundesstaat übertragen werden.

2. Die Bundesrepublik gehört der NATO, die DDR dem Warschauer Pakt an. Selbst wenn diese Bündnisse heute keineswegs mehr die Rolle spielen wie vor fünf oder zehn Jahren und eine Zusammenarbeit der beiden Vertragssysteme heute kein Wunschtraum, sondern eine beginnende Realität ist, bedeutet dies noch nicht das automatische Verschwinden der beiden Bündnissysteme.

3. Die Herausbildung eines deutschen Bundesstaates aus der gegenwärtigen Bundesrepublik und der DDR kann nur erfolgreich sein, wenn sie mit Einverständnis der europäischen Nachbarn im Rahmen einer europäischen Friedensordnung erfolgt – das aber dauert etwas länger, so daß ich annehme, daß die DDR Ende 1990 noch bestehen wird.

Frage: Und wie ist Ihre eigene persönliche Auffassung zur möglichen baldigen Vereinigung der beiden deutschen Staaten?

Leonhard: Da ich kein Politiker bin und nicht gewählt werden will, darf ich hier eine Minderheitsauffassung vertreten. Ich befürchte eine überhastete Vereinigung und plädiere für ein langsames organisches Zusammenwachsen.

Ich fürchte, daß bei der jetzigen »Vereinigungs-Diskussion« verdrängt wird, daß die Bundesrepublik über 62 Millionen, die DDR aber nur etwas über 16 Millionen Einwohner verfügt, also ein Verhältnis von 4 : 1 besteht. Die Wirtschaftskraft der Bundesrepublik tritt gegenüber der DDR noch viel deutlicher und drastischer in Erscheinung. Es würde sich also um eine Vereinigung von sehr ungleichen Partnern handeln. Selbst wenn alle Bundesrepublikaner Engel wären – was sie vielleicht nicht alle sind – und sich wirklich um eine gleichberechtigte Vereinigung bemühen würden, so ist das bevölkerungsmäßige und wirtschaftlich-technologische Übergewicht der Bundesrepublik gegenüber der DDR so überwältigend, daß eine

Dominierung nur schwer vermeidbar ist. Gewiß: Ich benutze nicht die Begriffe »Ausverkauf« oder »Anschluß«, meine aber, daß gewisse Tendenzen in dieser Richtung nicht völlig zu leugnen sind.

Hinzu kommt für mich zweitens das menschlich-psychologische Element: Die Bürger der Bundesrepublik und der DDR haben fast fünfzig Jahre lang in völlig unterschiedlichen Systemen gelebt, ein unterschiedliches Leben geführt, unterschiedliche Erfahrungen gesammelt und wurden von unterschiedlichen Eindrücken geprägt – und zwar über einen Zeitraum, der länger dauerte als die Weimarer Republik und das Hitler-System zusammen, ja schon so lange wie das Wilhelminische Kaiserreich von 1870 bis 1918. Menschen aus zwei Staaten mit so unterschiedlichen Erfahrungen, Erlebnissen, Entbehrungen, Leiden und Hoffnungen überhastet zusammenzuwerfen, kann zu schwerwiegenden Folgen führen – vielleicht zu gegenseitigen Vorwürfen oder sogar zu einer zunehmenden Entfremdung.

Schließlich drittens der übersteigerte Erwartungshorizont, der schon bald zu Enttäuschungen führen kann. Bei der Herausbildung eines deutschen Bundesstaates können sich für die Bundesrepublik Deutschland außerordentlich einschneidende wirtschaftliche Verpflichtungen ergeben (etwa im Sinne eines Lastenausgleichs zwischen den Ländern), die bei Bundesbürgern zu einer skeptischeren Haltung führen könnten. Umgekehrt erwarten sehr viele DDR-Bürger durch eine baldige Vereinigung eine schnelle Angleichung an den Lebensstandard der Bundesrepublik.

In Wirklichkeit dürfte dies jedoch, nach Ansicht führender Wirtschaftsexperten, noch viele Jahre in Anspruch nehmen. Dies könnte bei vielen DDR-Bürgern zu einer weitreichenden Enttäuschung führen. Plötzliche Enttäuschungen aber sind, wie die Geschichte immer wieder gezeigt hat, häufig der Nährboden für einen irrationalen Radikalismus. Ich würde daher wünschen, daß diese Fragen ernster und nachdrücklicher diskutiert werden.

Frage: Aber muß sich die Bundesrepublik nicht aktiv engagieren?

Leonhard: Selbstverständlich. So sehr ich eine überhastete Vereinigung ablehne, so sehr bin ich für eine weitreichende Zusammenarbeit zwischen der Bundesrepublik und der DDR in den unterschiedlichsten Bereichen – in der Wirtschaft, im Umweltschutz, in Technik und Forschung, in der Bildung und Kunst, in der Literatur und Presse und im Ausbau von Städtepartnerschaften. All dies sollte meiner Auffassung nach praktisch, schnell, praxisnah und konkret erfolgen, möglichst ohne gleich neu zu bildende, große gesamtdeutsche Behörden oder ein überhastet gezimmertes »gemeinsames Dach«.

Je mehr die praktische Zusammenarbeit in jenen Bereichen erfolgt, die von beiden Seiten gewünscht werden, je weniger dies an die große Glocke gehängt, formalisiert und bürokratisiert wird – um so besser. Gerade im Verlauf einer solchen Zusammenarbeit könnten viele besonders bedrückende Probleme der DDR gelöst und durch gegenseitiges Kennenlernen das notwendige Vertrauen für ein zukünftiges organisches Zusammenwachsen geschaffen werden.

So sehr ich die *menschliche* Wiedervereinigung nach dem Niederreißen der Berliner Mauer begrüße, so sehr würde ich vor einer überhasteten *staatlichen* Vereinigung warnen.

Frage: Zum Schluß eine persönliche Frage. Sie gehörten im Mai 1945 zu den »Aktivisten der ersten Stunde«, kennen seit damals sowohl Ulbricht wie Honecker, haben den Gründungsparteitag der SED am 22. April 1946 persönlich miterlebt, sind im März 1949 aus der damaligen Sowjetzone Deutschlands geflohen. Was empfinden Sie heute bei der Demokratisierung, bei der gewaltigen friedlichen Revolution in der DDR?

Leonhard: Es berührt mich zutiefst. Seit Jahren, ja Jahrzehnten, habe ich auf die demokratische Befreiung in der DDR gewartet und darauf gehofft – schon 1956, dann erneut beim Prager Frühling 1968, 1980/81 bei der Solidarność-Bewegung in Polen und schließlich seit 1985, seit dem Beginn der Perestroika in der Sowjetunion. Immer hoffte ich auf Befreiungsreformen in der DDR. Um so größer meine Freude und meine innerste Anteilnahme an der friedlichen Revolution seit Oktober/November 1989.

Nachdem ich Jahrzehnte von den offiziellen DDR-Organen als »Titofaschist« und »Renegat« beschimpft worden bin, ist es für mich ein Erlebnis, frei und ungehindert in die DDR reisen zu können, Vorträge vor DDR-Geschichtslehrern zu halten, von DDR-Zeitungen zu Interviews gebeten zu werden und, vor allem, miterleben zu können, daß im Juni 1990 endlich mein Buch »Die Revolution entläßt ihre Kinder« in der DDR erscheint. Im Frühjahr werde ich erneut die DDR besuchen und anschließend nach Erscheinen meines Buches eine Buchvorstellungsreise quer durch die DDR unternehmen. Ich freue mich schon jetzt darauf, mit DDR-Bürgern darüber diskutieren zu können. (15. Februar 1990)

Die ersten freien Wahlen in der DDR

Eine Stellungnahme am Tag danach

Frage: Ein hoher Wahlsieg des konservativen Bündnisses in der DDR gestern am Wahlsonntag. Herr Leonhard, wen die DDR-Bürger gewählt haben, ist inzwischen bekannt: mit rund 40 Prozent die CDU in der DDR. Was sie damit gewählt haben, darüber wird derzeit in Ost-Berlin genauso wie in Bonn heiß diskutiert. Wie ist die Analyse zur Stunde?

Leonhard: Der große Sieg der konservativen Allianz für Deutschland bedeutet, daß die Hälfte der DDR-Bürger und -Bürgerinnen die möglichst schnelle Vereinigung mit der Bundesrepublik Deutschland erwünscht und erstrebt und offensichtlich sich dadurch die Lösung ihrer mannigfachen Probleme erhofft. Dieser Wahlsieg war wohl von niemandem vorauszusehen.

Mir persönlich tut es leid – ohne daß ich irgendeiner Partei angehöre –, daß das »Bündnis 90« – die Allianz von »Demokratie Jetzt«, »Initiative für Frieden und Menschenrechte« und vor allem »Neues Forum« – nur 2,9 Prozent der Stimmen erhalten hat. Denn das waren ja die Kräfte, die die friedliche Revolution überhaupt erst ermöglicht, die wirklich gegen das Honecker-Regime gekämpft haben.

Frage: Offensichtlich traut man ihnen aber nicht die politische Erfahrung zu, die man jetzt in einem so sensiblen Prozeß wie der Vereinigung beider deutschen Staaten erwartet und haben muß.

Leonhard: Ja, ich glaube, daß das eine Rolle gespielt hat. Alle Parteien, die etwas differenzierter die Dinge sehen, sind nicht in der Weise honoriert worden. Das gilt auch für die Sozialdemokraten, die von allen Meinungsforschern als die stärkste Partei erwartet wurden. Die SPD erstrebt zwar auch die Vereinigung Deutschlands, aber vorsichtiger, eher im Rahmen einer gesamten europäischen Friedensordnung. Es gab manchmal etwas widersprüchlich anmutende Erklärungen zur Frage, ob die SPD die schnelle Vereinigung nach Artikel 23 des Grundgesetzes anstrebt oder die Neuwahl einer verfassunggebenden Versammlung im Sinne des Artikels 146, was einen langsameren Vereinigungsprozeß bedeutet hätte. Das hat offensichtlich die Menschen in der DDR nicht so angesprochen, wie es vielfach erwartet worden ist.

Frage: In jedem Fall hat die Demokratie gewonnen in der DDR. Wolfgang Leonhard, wie ordnet ein Politologe wie Sie das Pendel ein, das von scharflinks jetzt nach scharfrechts rübergegangen ist?

Leonhard: Zunächst einmal: Für jemanden wie mich, der von 1945 bis März 1949 die ersten vier Jahre der damaligen Sowjetzone sehr aktiv miterlebt hat und schon im März 1949 geflohen ist – ich werde ja in der DDR der erste Dissident genannt –, steht im Vordergrund die unglaubliche Freude, daß die Menschen in der DDR zum ersten Mal frei wählen konnten.

Aber natürlich hätte ich erwartet, daß dies ein bißchen differenzierter verläuft, während die jetzigen Wahlresultate doch recht nahe der Situation in der Bundesrepublik Deutschland entsprechen. Die »Allianz für Deutschland« ist etwa das, was in der Bundesrepublik Deutschland die CDU ist, die Freien Demokraten – denen hätte ich eigentlich auch einen größeren Wahlerfolg prophezeit – liegen bei fünf Prozent, ganz ähnlich wie in der Bundesrepublik. Der einzige Unterschied ist, daß die Kraft links von der Mitte in der Bundesrepublik ausschließlich von der Sozialdemokratie eingenommen wird, während in der DDR jetzt zwei Linksparteien existieren, die Sozialdemokraten mit etwa 22 Prozent und die PDS, die Nachfolgeorganisation der SED, mit 16 Prozent. (19. März 1990)

Verzeichnis der Beiträge

DIE SOWJETISCHE BESATZUNGSZONE 1945–1949

Die »Gruppe Ulbricht«: Erste Schritte zur Macht 1945/46
Referat auf einem Seminar der Abteilung politische Bildung
der Friedrich-Ebert-Stiftung im September 1985 in der
Gustav-Heinemann-Akademie/Freudenberg

Der Kreml und die Gründung der DDR
Referat im Rahmen der »Kolloquien des Instituts für Zeitgeschichte«,
in: Der Weg nach Pankow. Zur Gründungsgeschichte der DDR,
München/Wien 1980

Die CDU in der Sowjetzone 1945–1948
Rezension von »Johann Baptist Gradl: Anfang unterm Sowjetstern«,
in: *Deutschland-Archiv* Nr. 7, Juli 1981

DIE ÄRA ULBRICHT 1949–1971

Erste »Wahlen« zur Volkskammer
Beitrag für die Belgrader *Politika* vom 13. Oktober 1950

Menschenraub mit Stasi-Hilfe: Die Entführung Robert Bialeks
Beitrag für das SBZ-Archiv, Köln, Nr. 3 vom Februar 1956

Der XX. Parteitag der KPdSU und die SED
Brief 16 der SED-Opposition vom März 1956

Schärfer als der Kreml
Beitrag für die *Neue Ruhr Zeitung* vom 28. Mai 1959

DDR-Politiker aus der Nähe
Beitrag für *Die Zeit* vom 29. Mai 1959

Von Ulbrichts Schergen entführt: Heinz Brandt
Beitrag für *Die Zeit* vom 30. Juni 1961

Die große Lüge
Beitrag für die *Neue Ruhr Zeitung* vom 19. August 1961

Ernst Blochs gescheiterter Versuch
Beitrag für *Die Zeit* vom 29. September 1961

Ulbrichts Kontroverse mit Marx und Engels
Beitrag für *Die Zeit* vom 9. März 1962

Zensur für Sowjetfilm
Beitrag für *Die Zeit* vom 6. Juli 1962

Der vergessene SPD-Gründer: Erich W. Gniffke
Beitrag für die *Frankfurter Rundschau* vom 11. September 1964

»Faschist« Tito zu Besuch in Ost-Berlin
Beitrag für das *Luxemburger Wort* vom 4. Juni 1965

Moskauer Drehbuch: von Ulbricht zu Honecker
Interview mit Radio Liberty vom 5. Mai 1971

DIE ÄRA HONECKER 1971–1989

Nachruf auf einen Stalinisten: Walter Ulbricht
Beitrag für das *Luxemburger Wort* vom 2. August 1973

Reformen – auch in der DDR?
Beitrag für die *Welt* vom 19. April 1975

Ratschlag nach dreißig Jahren: Mehr Freiheiten!
Beitrag für die *Berliner Morgenpost* vom 4. Oktober 1979

Zwangsumtausch oder die Angst vor der Entspannung
Beitrag für das *Deutsche Allgemeine Sonntagsblatt*
vom 19. Oktober 1980

Fünf Vorschläge zur Deutschlandpolitik
Beitrag für *Die neue Gesellschaft*, Heft 10 (1982)

Regisseur des Mauerbaus: Erich Honecker
Beitrag für den Bonner *General-Anzeiger* vom 5./6. September 1987

Wiedersehen mit Erich
Beitrag für die *Züricher Sonntags-Zeitung* vom 13. September 1987

Die sowjetischen Reformen und die DDR
Thesen für das *Deutschland-Archiv*, Juli 1989

DEMOKRATISIERUNG 1989/90

Kasernen-Sozialismus ist das Ende der DDR
Beitrag für den Bonner *General-Anzeiger* vom 7./8. Oktober 1989

Lang ersehnt: die Reformbewegung in der DDR
Interview mit der *Rhein-Zeitung*, Mayen, vom 28./29. Oktober 1989

Demokratie vor Einheit
Interview mit der *Kölnischen Rundschau* vom 18. November 1989

»Wer zu spät kommt, den bestraft das Leben«
Interview mit dem *Westfalen-Blatt* vom 9./10. Dezember 1989

Organisches Zusammenwachsen statt überhasteter Vereinigung
Interview mit der *Wochenzeitung für Europäer* vom 15. Februar 1990

Die ersten freien Wahlen in der DDR
Interview mit Rias Berlin vom 19. März 1990

Namenregister

A
Ackermann, Anton 13f., 16, 19, 22, 27, 29, 36, 41f., 44, 87, 91f., 95
Adenauer, Konrad 115
Altmann, Eva 82
Axen, Hermann 143f., 190

B
Baibakow, Nikolai 145
Barm, Werner 161f.
Bassow, Vladimir 133
Bebel, August 36, 42, 132, 137
Becher, Johannes R. 29
Benser, Günther 18, 20, 26, 30
Berija, Lawrentij 54, 75, 139, 152
Bialek, Robert 73–75
Bismarck, Otto von 182
Bloch, Ernst 118–121
Blos, Wilhelm 131
Bolz, Lothar 14, 100–102
Böttcher, Bruno 40
Brandler, Heinrich 90
Brandt, Heinz 109–114
Brandt, Willy 115
Bredel, Willi 22
Breschnew, Leonid 143f., 152, 171, 202
Bucharin, Nikolai 89 f.
Buchwitz, Otto 40
Bulganin, Nikolai A. 77

C
Ceauşescu, Nicolae 156
Chruschtschow, Nikita 83, 91, 152
Churchill, Sir Winston 50

D
Dahlem, Franz 29, 44, 87, 102
Dahlem, Robert 102
Dahrendorf, Gustav 30, 39
Dahrendorf, Ralf 30
Dedijer, Vladimir 58
Dimitroff, Georgi M. 13, 15, 27, 53
Doernberg, Stefan 14
Drzewiecki, Paul 75
Dubček, Alexander 162f.
Duclos, Jacques 49
Dulles, John F. 115

E
Eberlein, Hugo 87
Ende, Lex 87
Engels, Friedrich 108, 122–131
Erpenbeck, Fritz 14, 21, 26, 29

F
Fatejewa, Natalja 133
Fechner, Max 38f., 43, 54, 87
Fischer, Kurt 14, 22
Fischer, Otto 31
Fischer, Ruth 90

Flechtheim, Ossip 109
Florin, Peter 13f., 102f.
Florin, Wilhelm 102
Friedensburg, Ferdinand 60
Friedrich II., König von Preußen 182

G
Gablentz, Otto Heinrich von der 60
Gaus, Günter 174–176
Gerschinsky, Lehrer 102
Gierek, Edward 171
Gniffke, Erich W. 37–39, 43, 55, 136–138
Gniffke, Gerd 37
Gomulka, Wladislaw 139, 142, 155
Gorbatschow, Michail 183, 187, 191, 202, 207, 212
Gradl, Johann Baptist 61–63
Grotewohl, Otto 32, 34f., 37–42, 44, 54, 80, 94, 136f., 145, 152f.
Gundelach, Gustav 14, 21, 30
Gyptner, Richard 14, 21, 29

H
Hager, Kurt 120, 190, 202
Harich, Wolfgang 118, 120f.
Harkness, Margaret 122
Havemann, Robert 166
Hegel, G.W. F. 120
Held, Ernst 100
Hellwig, Herbert 75
Hentschke, Hermann 22
Hermes, Andreas 26, 60f.
Hermes, Peter 61
Herrnstadt, Rudolf 13f., 22, 100, 153
Hertwig, Manfred 121
Herwegen, Leo 63

Hilferding, Rudolf 36, 42
Hirsch, Werner 87
Hitler, Adolf 69, 106, 115, 136f., 151
Hodscha, Enver 139
Hölz, Max 87
Hörnle, Edwin 13, 16, 26
Hoffmann, Heinrich 40
Hoffmann, Heinz 16
Honecker, Erich 143–145, 156f., 168–171, 179–185, 189f., 199f., 202f., 211f., 214, 218, 225, 227
Husák, Gustav 171

K
Kaiser, Jakob 60, 63
Kania, Stanislaw 171
Karstens, August 43
Kautsky, Karl 36
Kautsky, Minna 132
Kern, Käthe 43
Keßler, Heinz 26, 179
Kippenberger, Alexander 87
Klein, Manfred 61
Klein, Mathäus 26
Kolakowski, Leszek 120
Köppe, Walter 21
Kornejtschuk, Alexander 101
Koska, Willi 87
Kossior, Politbüromitglied 86
Kostoff, Taicho 141
Krenz, Egon 190, 202, 206
Kreuzberg, August 87
Krone, Heinrich 60
Kurella, Alfred 13f., 100
Kusujezow, Korrespondent 116f.

L
Lehmann, Helmut 43
Lemmer, Ernst 60, 63

Namenregister

Lenin, Wladimir Iljitsch 77f., 88–90, 93–95, 137, 143f., 156
Leo, Willi 87
Levi, Paul 90
Liebknecht, Wilhelm 36, 42, 94
Lindau, Rudolf 16
Lippmann, Heinz 180
Lobedanz, Reinhold 63
Lorenz, Richard 121
Lorenz, Siegfried 190
Lukàcz, Georg 120
Lüschen, Heinz 102
Luther, Martin 182
Luxemburg, Rosa 95

M
Mahle, Hans 14, 21, 26, 29f., 103
Malenkow, Georgij 152
Maron, Karl 14, 21, 100
Marshall, George 52, 62
Marx, Karl 77f., 94, 118, 122–131
Maslow, Arkadij 90
Matern, Hermann 13, 16, 22
Mayenburg, Ruth von 15
Meier, Otto 43
Merker, Paul 44, 69, 87
Metternich, Klemens Wenzel Fürst 118
Mielke, Erich 190, 202
Mikojan, Anastas 77, 81, 83, 86, 88f.
Modrow, Hans 190
Molotow, Wjatscheslaw 26, 52, 54, 106, 139, 152
Mussolini, Benito 106

N
Nagy, Imre 163
Neumann, Heinz 87, 90
Nikolajewa, Galina 133
Nuschke, Otto 63

O
Oelßner, Fred 22, 28, 36
Orakelaschwili, Mamia 86
Orlopp, Josef 26
Owsejenko, Antonow 86

P
Pankratowa, Historikerin 88, 90
Petrowsky, G. I. 86
Pieck, Arthur 13f., 26, 30
Pieck, Lore 14, 26
Pieck, Wilhelm 16, 20, 27, 29, 34, 38, 41, 44, 54, 69f., 73, 80, 94, 105–108, 145, 152, 179
Pjatakow, J. L. 90

R
Rajk, László 138
Rakosi, Matias 138
Ranković, Alexander 138
Remmele, Hermann 87
Ribbentrop, Joachim von 105
Rubiner, Frieda 15
Rühle, Jürgen 119
Rybakow, Anatol 212
Rykow, Alexej 90

S
Sacharow, Andrej 172
Sauerbruch, Ferdinand 26
Sauerland, Kurt 87
Schabowski, Günter 190, 203
Schälicke, Fritz 26
Scharoun, Hans 26
Schdanow, Andrej 54, 57
Schlapnikow, Alexander 89f.
Schmidt, Elli 29, 44
Schmidt, Conrad 131
Schmückle, Karl 87
Schubert, Hermann 87
Schukow, Georgij 20f., 38, 153

Schumacher, Kurt 62
Semjonow, Nikolaj 22, 153
Slansky, Rudolf 111
Sobottka, Gustav 22, 27, 29
Sokolowski, Wassilij 55
Stalin, Josef 27, 50–52, 54, 58, 76–86, 88f., 92–94, 96–99, 105, 118, 120, 133, 137, 139–142, 149f., 152, 154, 165, 180, 200, 202, 211, 213
Steidle, Luitpold 63
Stoph, Willi 143f., 190, 202
Suslow, Michail 54, 77, 91
Süßkind, Kurt 87

T
Thalheimer, August 90
Thälmann, Ernst 213
Tito, Josip Broz 53, 137–139
Tomsky, Michail 90
Trotzki, Leo 86, 89f.
Truman, Harry S. 52
Tulpanow, Sergej 37f., 52

U
Ulbricht, Walter 13, 15f., 19–30, 38f., 44, 49, 54, 76, 78, 80–85, 91f., 94, 96, 104f., 107f., 112f., 122–131, 133, 137–142, 143–145, 149–158, 160, 165, 179–182, 199f., 214, 225

V
Varga, Eugen 54, 75
Verner, Paul 143f.
Vogeler, Jan 14

W
Wandel, Paul 29, 81
Warnke, Bruno 82
Weit, Erwin 155
Werner, Arthur 26
Winter, Elli 108
Winzer, Otto 14, 21f., 26, 29, 102, 104f.
Wolf, Markus (Mischa) 16
Wrazidlo, Georg 61

Z
Zehm, Günther 121
Zwerenz, Gerhard 121